ヤマト王権

シリーズ日本古代史②

吉村武彦
Takehiko Yoshimura

Eurus Notus Boreas Zephyrus

岩波新書
1272

はじめに――奈良人からみた「いにしえ」

ヤマト王権は、四世紀前半に成立したと想定され、律令制国家が形成される七世紀後半まで存続した王制の政治的権力機構である。しかし、「謎の四世紀」と言われるように、その成立時期は、いまだ謎に包まれている。しかも、この時代の文字史料はきわめて少なく、中国の歴史書や後代の史書、それに考古学資料を手がかりにして、その実像を探っていくことになる。

日本の歴史書は、七世紀後半、天武《てんむ》天皇の統治のころから編纂機運が高まり、七一二(和銅五)年に『古事記』が、そして七二〇(養老四)年に『日本書紀』が撰上された。おりしも律令制国家の形成期、そのルーツに関心が向かったのである。ヤマト王権は、八世紀の律令制国家の基礎を担うものとして、『古事記』と『日本書紀』(以下、あわせて「記・紀」と略すことがある)にその「正統たる」歴史の淵源を求めた。両書とも神話の時空である「神代《じんだい》」から始まり、「天皇の歴史」としては、『古事記』は神武《じんむ》天皇から推古《すいこ》天皇まで、『日本書紀』では持統《じとう》天皇までを記している。

＊ 天皇号の成立をめぐっては学界でも意見が分かれているが、推古朝から天武朝の間に成立したこ

とでは一致する。今日では、天武朝成立説が有力である。ただし、本書では天武以前も含めて、便宜的に「天皇」の呼称を使用する。

『古事記』と『日本書紀』冒頭の「神代」では、「大八島国《おおやしまくに》」(『書紀』は「大八洲国」)の生成とヤマト王権による統治の始原を説いている。『古事記』は上巻を「神代」にあてて天下を治める神武天皇を誕生させ、中巻からその治績を語る。一方の『日本書紀』では、巻一・巻二を「神代」として、巻三以降で神武天皇から始まる天皇史を編年順に配置する。まずは「記・紀」のこれらの箇所に描写されている国づくり神話のモチーフを紹介し、古代の人々の宇宙観として建国神話を説明しておきたい。誤解のないようにいえば、「神話から歴史へ」ではなく、「歴史が生んだ国づくり神話」である。

日本の神話には、主要な国づくり神話として、国生み神話(「記・紀」)、国づくり神話(『古事記』)、国引き神話(「出雲国風土記」)がある。まず国生み神話は、神代に描かれている。伊耶《いざ》那岐命《なきのみこと》と伊耶《いざ》那美命《なみのみこと》とが、男女として交わることによって、大八島国を誕生させる神話である。『古事記』では、淡道之穂之狭別島《あはじのほのさわけのしま》(淡路島)、伊予之二名島《いよのふたな》(四国)、隠伎之三子島《おきのみつご》(隠岐島)、筑紫島《つくし》(九州)、伊岐島《いき》(壱岐島)、津島《つ》(対馬)、佐度島《さど》(佐渡島)、大倭豊秋津島《おおやまととよあきづ》(本州)などがあがっている。

この六八島国は、ほぼ八世紀以降の律令制国家の版図と共通しているので、律令制国家がもつにふさわしい国生み神話であるといえよう。子どもを生む行為になぞらえた国生みは、モチーフとして古い時代から存在してもおかしくないが、律令制国家の国土と重なることは、この神話の最終的成立がきわめて新しいことを示唆している。つまりこれらは、あくまで律令制国家の視点から、現実の歴史をふまえて生みだされた「国づくり神話」なのである。

『古事記』では、国を生むだけでは「国づくり」は完成せず、後の大国主神《おおくにぬしのかみ》（オホクニヌシ）の国づくりに託される。オホクニヌシとは、偉大な国主のことで、葦原中国《あしはらのなかつくに》（葦原という生命力に満ちあふれた中心の国の意）における国づくりの主神である。国主は、各地に存在した在地首長を象徴する名前であり、大己貴神《おおあなむち》・八千戈神《やちほこ》・大国玉神《おおくにたま》（『書紀』を含む）など、各地域に固有の多くの名前がある。

大穴牟遅神《おおあなむじ》は、兄弟の八十神《やそがみ》と争い、いったんは殺害されるが、母の神の力によって復活する。その後、また兄弟の八十神の迫害をうけ、それを避けるために建速須佐之男命《たけはやすさのおのみこと》（スサノヲ）の根之堅州《ねのかたす》国を訪ねる。そこでの試練を乗りこえ、スサノヲから「大国主神」と名づけられる。オホクニヌシは、兄弟神を倒し、やがて出雲国の国づくりに成功する。この神話では、争いと試練を経て、国づくりが行なわれることを示している。この国づくり神話の背景には、在地首長による「ムラからクニへ」の戦いの姿勢が映し出されていると想定される。

なお、この後、オホクニヌシは、葦原中国を天照大神《あまてらすおおみかみ》（アマテラス）に国譲りする。国譲り神話には、各地に存在する国主たちがヤマト王権に服属し、国造《こくぞう》（くにのみやつこ、とも）に就任することを意味する寓意が込められている。

また、「出雲国風土記」には、国引き神話がある。八束水臣津野《やつかみずおみつの》命が作った出雲国は小さかったので、周囲の国で余分な土地があるかどうかを見て、土地が余った志羅紀《しらぎ》（新羅）の三埼《みさき》（岬）、北方の佐伎《さき》国、そして農波《ぬなみ》国、さらに高志《こし》（越）都都《つつ》三埼から、土地（国）を引っぱってきて、「支豆支《きづき》御埼（岬）」「狭田《さだ》国」「闇見《くらみ》国」「三穂《みほ》埼」を作るという、国引き神話である。いってみれば、戦いではなく、自らの労働で平和裏に国づくりを行なう神話である。

ところが注目すべきことに、ここには朝鮮半島（韓半島）の新羅と北陸地方の越が登場している。神の労働による国引き自体は、これまた自然的な労働行為になぞらえられるモチーフであり、初源的な時期のものと評価できる。しかし新羅や越が入るとなると、これは必ずしも初源的な話ではない。

まず出雲と越との関係は、『古事記』のなかでもスサノヲと「高志の八俣大蛇《やまたのおろち》」やオホクニヌシと「沼河比売《ぬなかわひめ》」との求婚譚などがみえる。また、考古学的には、弥生墳丘墓である四隅突出型古墳（後述、一九頁）が両地域にみえるなど、弥生時代後期にも日本海を利用した交流が認められる。

しかし、新羅の話は特に、新羅との実際の政治的関係をぬきにしては考えにくい。『日本書紀』神代紀第八段の一書第四には、スサノヲが新羅に降臨し、舟で出雲に渡る話も見えるので、この『古事記』の逸話は必ずしも孤立した特殊な神話ではないことからも、そこに現実の背景があることがうかがえるだろう。本文であらためて述べるが、高句麗《こうくり》の広開土王《こうかいどおう》碑(四一四年)には、倭《わ》が新羅を攻撃して「臣民」とした記述がある。また、五世紀半ばに中国と交渉を行なったとされる「倭の五王」は、新羅に対する軍事的支配権を宋によって承認されているので、この逸話が生まれたのは五世紀以降としてもおかしくない。あるいは、朝鮮諸国のなかで新羅だけが出てくることから、むしろ白村江《はくそんこう》の戦い(六六三年)以後という評価も可能である。

このように日本の国づくり神話には、アイデアとして、(1)人々の平和的労働行為による国づくり、(2)戦いによって、領土を拡大していく国づくり、(3)律令制国家による国土支配と関係する国生み神話、という三段階の国づくり神話が残されている。ただし、(1)と(2)の神話が、いつどのようにして誕生したかは、必ずしも定かではない。いずれも律令制国家による政治的影響を受けていると思われるが、ともあれ、いにしえ人の構想力で作られた建国神話であることはまちがいない。現実の歴史のなかから、こうした国づくり神話が記述されたことを、心にとどめておきたい。

それでは奈良時代の貴族は、ヤマト王権の歴史をどのように捉えていたのだろうか。それは、なかでも『古事記』序文にあらわれている。『古事記』上巻の序文には、神代に記された神話のあらましと、推古天皇までの歴代天皇のうち著名な天皇の治績があげられている。注目したいのはそこに選びだされた天皇とその治績であるが、それは神武・崇神《すじん》・仁徳《にんとく》・成務《せいむ》・允恭《いんぎょう》天皇の五人である。神武天皇と崇神天皇は、ともに「はつくにしらすスメラミコト」、すなわち「はじめてこの国を統治した天皇」と評価されている。初代が二人もいるという矛盾はあるが、本書でも後で述べるようにどちらも妥当な選択であろう。次の仁徳天皇は、「聖帝」と伝承されたとあり、漢風諡号《しごう》(没後に与えられるおくり名)に儒教的徳目「仁」「徳」を用いて表現されている。天皇史のうえで、「偉大な天皇」として選ばれたことを示す。

問題は、成務天皇と允恭天皇である。必ずしも馴染みのある天皇ではなく、この二人の天皇が選ばれたことには、『古事記』が撰述された時代の歴史観があらわれているはずである。

『古事記』序文に、成務天皇は「境を定め邦《くに》を開きて、近淡海《ちかつあふみ》に制《しら》したまひき」、允恭天皇は「姓《かばね》を正し氏を撰びて、遠飛鳥《とほつあすか》に勒《しら》したまひき」と書かれている。成務は、『日本書紀』によれば「国郡《くにこほり》に造長《みやつこをさ》(国郡の造長とは、国造のこと)を立て」、「県邑《こほりむら》に稲置《いなき》を置《た》て」たという。つまり成務によって、列島の地域行政組織に「国」と「県」が設置されたのであり、国土統治のうえで大きな治績と評されたのである。

一方、允恭天皇はウヂ(氏)・カバネ(姓)の氏姓《しせい》制度を整えた天皇とされる。詳細は第五章で述べるが、氏姓制度は、天皇と貴族(官人)たちとの人格的・身分的な結びつきや、貴族どうしの序列・秩序を示すために、必要なものであった。また、百姓(古代では、一般庶民のこと)を支配するにも、氏・姓は不可欠な制度であり、允恭の施策によって、貴族・百姓の身分的序列化が成し遂げられることになった。

このように『古事記』が描く成務と允恭は、推古朝以前の天皇の歴史のなかで、他ならぬ治政内容を評価され、序文に取りあげられた天皇となる。これは国・県の設置や氏姓制度の整備という天皇治績が、国家の成り立ちに重要な役割を果たしたと認識されていたことを示す。すなわち古代貴族の国家形成史観を明示するものにほかならない。これは、今日議論されている国家形成論と比較しても、必ずしも色あせた論点とはいえないだろう。

『古事記』は推古天皇で巻を閉じる。ちなみに推古天皇の漢風諡号「推古」は、「いにしえ(古)を推す」という名称である。後代の奈良人たちは、推古朝を古い時代の終焉、すなわち「いにしえ」の終わりとして意識した。推古朝には、冠位十二階・十七条憲法や仏教興隆策など、王法・仏法における諸政策が開始される。

その意味では、推古天皇は「いにしえ」最後の天皇であるが、逆にいえば成務・允恭天皇に続き、奈良人たちにとっての「今」である「近つ世」へ導く天皇だったともいえる。本巻では、この観点から、推古朝の前夜、崇峻《すしゅん》天皇までを取りあげた。この時期こそが、本書の内容が示すように、八世紀以降の律令制国家を準備した時代、つまりヤマト王権が展開した時代だったのである。

ただし、本書では、まずは中国正史で日本列島の住民たちが「倭人《わじん》」と記された時期にさかのぼって、筆を執ることにしたい。本シリーズの第一巻『農耕社会の成立』が、主に考古学を対象としているので、本巻では文献(文字情報)にあらわれた倭人の歴史を掘り起こしながら、ヤマト王権の歴史を振り返りたいからである。

いま「倭人」の語を用いたが、ヤマト王権の名称について、「倭王権」や「倭政権」と記されることもある。この「倭」の語は、中国の歴史書の記述によるもの。「倭人」の呼称は『漢書《かんじょ》』の地理志にみえ、「倭」「倭国」は『魏志《ぎし》』の倭人伝に記されている。「倭」の漢字は、本来音読したものであろう。ところが、こうした中国からみた「倭」や「倭国」の実態は、必ずしも「倭人集団」として括れるような統一的なエスニック集団であったとはかぎらない。特に後のヤマト王権ないしその統治範囲そのものを指しているかどうかは、それ独自の検討課題である。日本語では「倭」は「やまと」と読まれるが、誤解を避けるため、ヤマト王権の表記として、「倭王権」「倭政権」の用語は使わない。

ちなみにヤマト王権の統治範囲は、東北地方南部までの本州と四国・九州の島々であり、北海道を除く日本列島の大部分である。先述の「記・紀」の国生み神話の言葉でいえば、「大八島国（大八洲国）」という名称となる。したがって「ヤマト王権」という呼称は、時にその統治範囲を意味することにもなる。

史料の引用に際しては、既存研究を参照しつつ、新書の性格と読みやすさを考慮して、旧字・新字の用法や、かなづかい、ルビなどを適宜改めた。

目　次

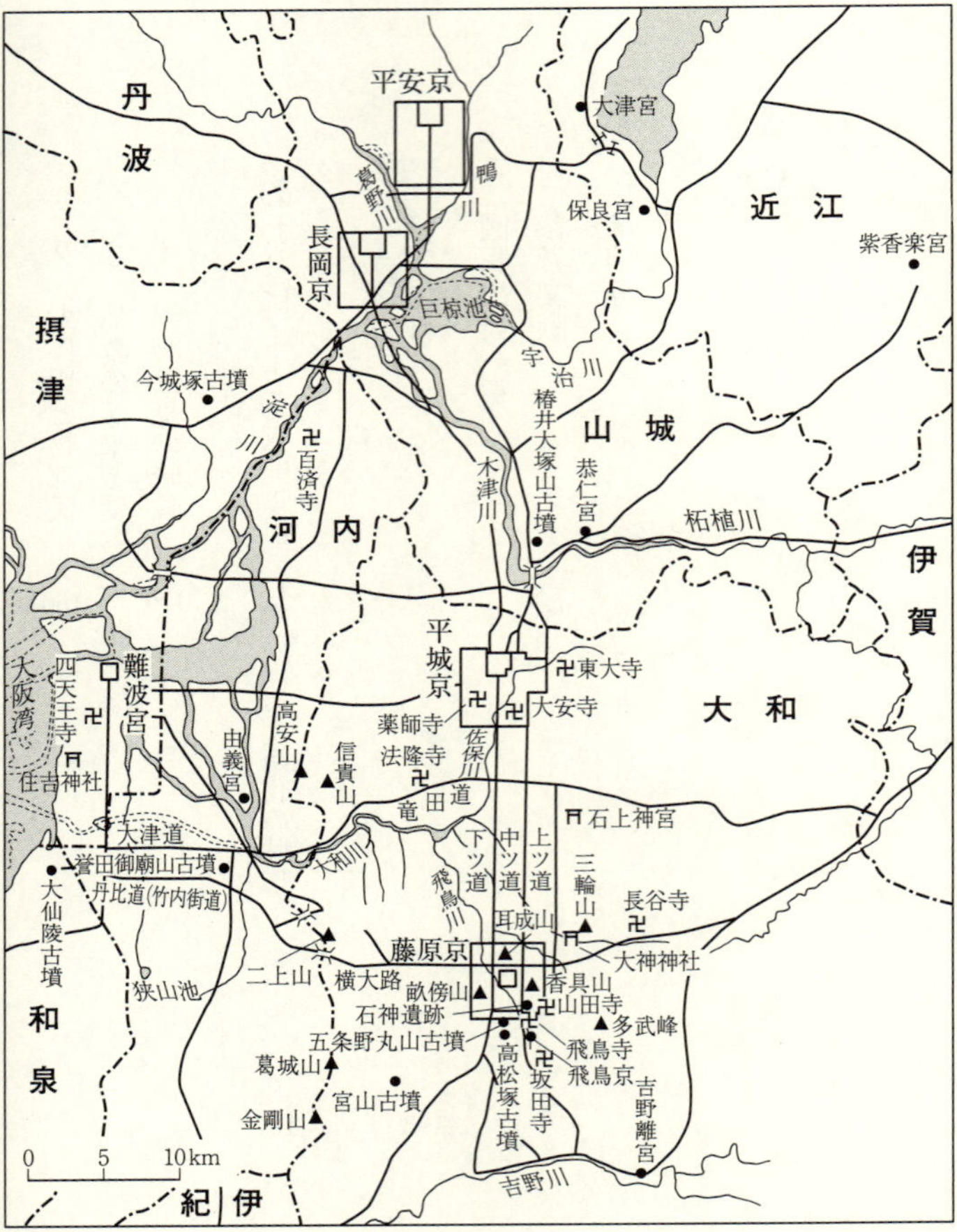
平安京
丹波
大津宮
鴨川
葛野川
近江
保良宮
紫香楽宮
長岡京
巨椋池
摂津
今城塚古墳
宇治川
淀川
百済寺
椿井大塚山古墳
山城
木津川
恭仁宮
柘植川
河内
伊賀
平城京
東大寺
大安寺
大和
難波宮
大阪湾
四天王寺
住吉神社
高安山
信貴山
由義宮
薬師寺
法隆寺
佐保川
竜田道
石上神宮
大津道
大和川
下ツ道
中ツ道
上ツ道
三輪山
長谷寺
誉田御廟山古墳
大仙陵古墳
丹比道(竹内街道)
飛鳥川
耳成山
藤原京
大神神社
二上山
横大路
香具山
畝傍山
山田寺
狭山池
石神遺跡
多武峰
和泉
五条野丸山古墳
飛鳥寺
飛鳥京
高松塚古墳
坂田寺
葛城山
宮山古墳
吉野離宮
金剛山
0 5 10km
吉野川
紀伊

畿内周辺要図

第一章　東アジアの倭・倭人・倭国

1 「楽浪海中倭人あり」——中国からの視線

日本列島の「歴史」を記した『日本書紀』や『古事記』は、いずれも後の時代に編纂してつくられた書物である。そのため、必ずしも同時代の文字史料や考古学資料に基づいて書かれておらず、その意味では歴史の「真実」を語る史書とはいえない。

中国正史と倭人

七世紀以前の史料といえば、まず中国の史書や、地中から出土する鏡・刀剣に刻まれた銘文などの文字史料があげられる。ただし、弥生時代に入ってきた三角縁神獣鏡《さんかくぶちしんじゅうきょう》などにみられる文字は、吉祥句など定型的な漢語が多い。したがって、必ずしも同時代の人々の言動を伝えない。そのため、まとまった史料としては、やはり『漢書《かんじょ》』『三国志』など中国正史となる。

中国正史は「紀伝体」と呼ばれる形式で書かれており、それは皇帝の年代記(本紀)と個人の伝記(列伝)を核に、表(年譜)・志(天象・地形・食貨《しょっか》(経済)等を記述)などから構成される。こうした正史の「東夷《とうい》伝」「夷蛮《いばん》伝」に、「倭《わ》・倭人《わじん》・倭国《わこく》」の記載がある。

日本列島の住人である「倭人」は、西暦八二年頃成立した『漢書』地理志が初見で、それ楽浪《らくろう》海中倭人有り、分かれて百余国となす。歳時を以て来たり、献見すという。

と記されている。具体的にいえば、前漢の武帝が朝鮮半島(韓半島)に設置した楽浪郡(現在の平壌《ピョンヤン》付近、前一〇八年に建郡)より遠方の海上に倭人がおり、百余国がある。そして、漢帝国に定期的に朝貢している、という内容である。

この「倭」という字は、「①したがふさま。②廻って遠いさま。③逶・委・蝺・威に通ず。④みにくい」(諸橋轍次『大漢和辞典』)のような意味である。中国大陸からみれば、東方の日本列島に居住する夷狄《いてき》(蛮族)であり、蔑む意味をこめて漢字の「倭」が使用された。ただし、列島ではこれを必ずしも蔑視されたとは、認識してこなかった。たとえば奈良時代、奈良県地域の国名をみずから「大倭国」と表記していることなどから、それがうかがえる。後には「倭」の字は「和」と表記されるようになり、今日の「和風・和服」などの用法にいたる。

さて、「中国」といえば、現在では中華人民共和国の略称として用いられているが、もともとの用法として「中華」の言葉と同じく、「世界の中央に位置する中心の国」という意味がある。こうした中華思想によると、中国の皇帝(天子)が支配している領域が中華であり、「礼《れい》」の秩序を身につけた人々が居住している。中国の周辺には、礼が及んでいない夷狄の人間が住んでおり、地域ごとに東から東夷《とうい》・南蛮《なんばん》・西戎《せいじゅう》・北狄《ほくてき》と呼ばれる。その夷狄が、中国皇帝の徳を慕って朝貢してくる、ということになる。このことは、逆に中国側からみれば、中国皇帝の徳を周辺諸国からの渡来の数で評価することにつながる。朝貢国が多ければ、皇帝の徳が高いと判断されるからである。

中国正史によれば、「倭・倭人・倭国」は朝鮮半島の韓《かん》・高句麗《こうくり》・扶余《ふよ》等とは区別されており、『三国志』に収められた「魏志倭人伝」では「卑狗《ひこ》」「卑奴母離《ひなもり》」や「卑弥呼《ひみこ》」など、後の日本語と同じような語順の言葉を話していたとされている(後述)。『漢書』の時点でも、おそらく中国と何らかの交流があった倭人の百余国に関して、同じ言葉(弥生日本語と呼ぶ)を話す集団であり、その中心的な国では水稲稲作農耕に基づく文化を営むものと認識されていたものと思われる。

ただし、これはあくまで中国からみた列島住人への集団認識である。当時の列島住人たちがヤマト王権と括れるようなエスニック集団として実際に統一されていたかどうか、この事実認定自体が問題となる。

『後漢書』の朝貢記事

倭についての次の記述は、『後漢書』となる。これは中国王朝の成立順としては当然の順序であるが、実は正史の成立としては、『後漢書』よりも、魏《ぎ》・呉《ご》・蜀《しょく》が並び立った三国時代の史書『三国志』編纂の方が古い。『後漢書』は、南朝・宋《そう》代の五世紀前半に編纂されており、後漢滅亡(二二〇年)の後に編纂が始まった『三国志』を参照してつくられている。

しかしこうした事情にもかかわらず、『後漢書』にのみ記載され、『三国志』の「魏志倭人伝」にはみえない独自の記事がある。東夷伝にみえる次の二条である。

(1) 建武《けんむ》中元二(五七)年、倭の奴国《なこく》、奉貢《ほうこう》朝賀す。使人《しじん》自ら大夫《たいふ》と称す。倭国の極南界なり。光武《こうぶ》、賜うに印綬《いんじゅ》を以てす。

(2) 安《あん》帝の永初《えいしょ》元(一〇七)年、倭国王帥升《すいしょう》等、生口《せいこう》百六十人を献じ、請見を願う。

このように、一世紀半ばと二世紀初頭の記述であるが、(1)に対応する記事が本紀の光武帝紀にもあり、「中元二年春正月辛未《しんび》、東夷倭奴国《わのなこく》王遣使奉献す」とみえ、「倭奴国」が正月に朝賀していることがわかる。おそらく朝鮮半島諸国の助言を受け入れ、正月の朝賀の儀に参列したのであろう。当時の奴国王はすでに中国的な暦の知識があり、朝賀の時期にあわせて、使者を中国の都に派遣したのである。朝鮮半島に設けられた楽浪郡でなく、首都まで赴いたことが重要である。

「印綬」の印は、福岡県の志賀島《しかのしま》(現福岡市東区の陸繫島《りくけいとう》)から出土した金印の「漢委奴国王《かんのわのなのこくおう》」印を指すといわれている。後漢が倭の奴国との折衝にあたり、外交文書の受け渡しに印と綬

(組紐)を使用することを求めて、授与したのであろう。当時の列島において、外交の中心は九州の奴国であった。なお、奴国が「倭国の極南界なり」と記されたのは、「魏志倭人伝」にみえる「次に奴国あり。これ女王の境界の尽くる所なり」の記述を踏襲したものである。

(2)の記事は、そのまま読めば、倭国王の帥升が奴隷と想定される生口(生きた人間)を一六〇人、中国皇帝に献上した事実を伝える。ここに「倭国王」と書かれていることが重要である。本紀の安帝紀にも「永初元年冬十月、倭国献使奉献」とみえ、はっきりと「倭国」と記述されている。『後漢書』の東夷伝には、「桓《かん》・霊《れい》の間、倭国大いに乱れ、更々《こもごも》相攻伐し、歴年主なし」とあり、桓帝(在位一四六~六七)と霊帝(在位一六七~八九)の時期に、倭国に「大乱」があったと記されている。すでに「魏志倭人伝」には、「その国、もとまた男子を以て王となし、住《とど》まること七、八十年。倭国乱れ、相攻伐すること歴年」とあり、これらの情報をあわせて考えると、一世紀末~二世紀初頭には倭国が成立していた可能性がある。

倭国への統合

『後漢書』の記事では、一世紀半ばは「倭の奴国」という呼び方をしていた。ところが、一世紀末から二世紀初頭にかけて、中国が外交交渉の対象としたのは「倭国」であった。これはどういうことを意味するのであろうか。結論的にいえば、日本列島において倭人諸国は、小国の連合体ではあるが、この時期までに「倭国」としてのまとまりを有していたからと思われる。つまり、列島では内部に奴国をはじめ対馬《つしま》国や一支《いき》国などを抱えながら、倭国として統合されたかたちを持つようになったということ。これが「倭の奴国」の時期と「倭国」の時期との決定的差異であろう。

この統合へのプロセスは、いずれ考古学資料を活用して、説明できる時期がくるかもしれないが、残念ながら今のところ文献史料では明らかにすることができない。ただし、まだこの段階では、中国とのあいだに安定した恒常的な君臣関係などを結ぶに至らず、政治的必要に応じてその都度朝貢していたのであろう。なお、『後漢書』の記事に戻れば「生口百六十人」の数は、魏の時代に倭国が献上した「男生口四人・女生口六人」「男女生口三十人」(「魏志倭人伝」)と比べ、きわめて多いことが注目される。倭国を構成している各国から献上させたものであろうか。

『後漢書』の記述を通して、全体として注目したいのは、倭国に、朝鮮半島との交流だけではなく、中国と直接に交渉するルートが開かれたことである。日本列島の文明化には、朝鮮からと中国からの二つのルートが存在し、複雑に絡んでいた。この事実は、本シリーズ第一巻(石川日出志『農耕社会の成立』)で紹介されているように、朝鮮半島産の製品と中国の漢鏡《かんきょう》(中国の漢王朝で製作された鏡)がともに日本各地で出土することからも明らかである。このなかで、すでに述べてきたように、「倭国」というまとまりをもつ政治的結合体が形成されたものとして、中国正史に登場することが、何よりも重要である。中国からみた日本列島の倭人集団が、ひとつの言語という共通性をもち、稲作農耕に裏付けられた文化世界のなかで生活していたこと、そして日本列島(東北北部・北海道・南西諸島を除く)を範囲とする「国土」をもつ国が誕生していたことを、物語っているからである。

2 「魏志倭人伝」と邪馬台国

「魏志倭人伝」とは

これまで「魏志倭人伝」の名称を使ってきたが、正しくは『三国志 魏書』の「烏《う》丸鮮卑《がんせんぴ》東夷《とうい》伝倭人《わじん》条」のことである。烏丸と鮮卑は、中国北辺に接する北アジアで活躍した国であり、東夷伝は朝鮮半島と日本列島に位置する諸国の記述となる(図1-1)。烏丸鮮卑東夷伝のなかの倭人条は、全文でわずか一九〇〇字程度を数えるにすぎないが、三世紀の列島史を伝える貴重な史料であり、他の東夷伝とほぼ同じように、三つの部分から構成されている。

第一部は、「倭人は帯方《たいほう》の東南大海の中にあり、山島に依りて国邑《こくゆう》をなす」という文から始まる。魏の帯方郡から狗邪韓《くやかん》国(金海)を経て日本列島に入る箇所から、各国への方位・距離を示す国別記事である。注目すべき事項として、郡使が伊都《いと》国に駐在していること、また邪馬台《やまたい》国が女王の都する所と位置づけられていることをあげておこう。第二部には、風俗・人文志関

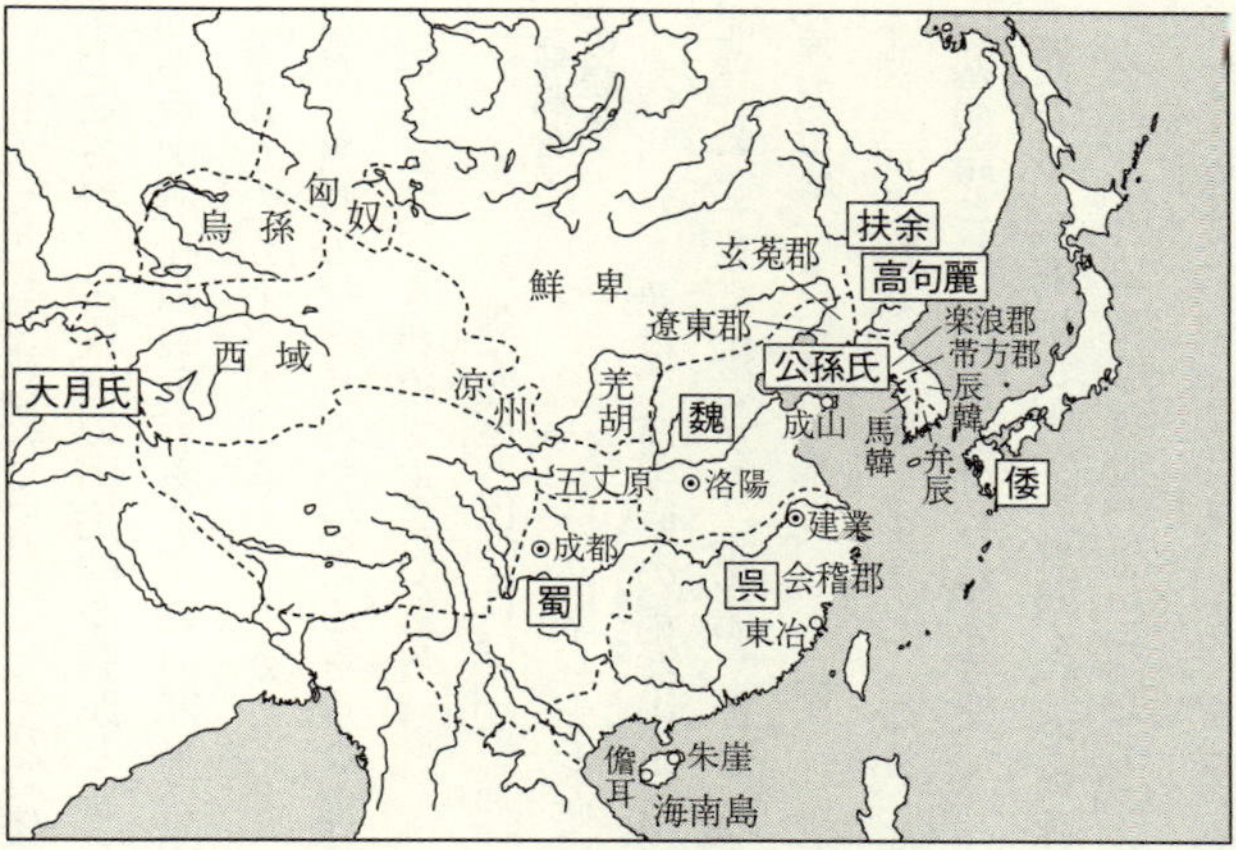

図 1-1　3世紀前半の東アジア(西嶋定生『日本歴史の国際環境』より，一部改変)

係の記述で社会状況が書かれている。①中国の東冶《とうや》(今の福建省)との関係、②同じく儋《たん》耳《じ》・朱崖《しゅがい》(今の海南島)との比較、③各種の人文志、④付記などに区分できる。そして、第三部には、魏と倭国との外交関係の記述で、二三九(景初三)年から、二四七(正始八)年までの出来事が編年順に書かれている。

さて、『三国志 魏書』(略して『魏志』)では、行程の起点を楽浪郡ではなく、帯方郡としている。帯方郡は遼東郡太守であった公孫《こうそん》氏が独立し、二世紀末〜三世紀初に楽浪郡の南部を割いて設置した郡で、ソウル付近にあったといわれる。この帯方郡の建郡後に、「倭・韓、遂に帯方(郡)に属す」(『魏志』韓伝)ことになる。つまり倭は、帯方郡の属国になったという。しかし、この公孫氏の政権は、二三八(景初二)年に魏に滅ぼされ、ここから倭国と魏との直接的な外交が始まる。

ところで、古代史の国民的な話題となっているのが、邪馬台国はどこにあったのか、という邪馬台国所在地論争である。この邪馬台国の位置を示す記述が、第一部の記事にあり、多くの論争がたたかわされてきた。しかし、第二部の人文志なども、考古学の発掘成果とつきあわせると、当時の社会状況を伝える貴重な史料である。また、第三部も当時の魏と倭の外交関係を知るうえで、きわめて重要である。

「邪馬台国」の読み

「魏志倭人伝」には「卑狗《ひこ》」や「卑奴母離《ひなもり》」のように、日本語(和語)の語順に従って、一音に漢字一字を使って表記する言葉(仮借《かしゃ》)が含まれている。「卑狗」の語は、埼玉県の稲荷山《いなりやま》古墳出土の金錯銘《きんさくめい》鉄剣(「辛亥《しんがい》年」(四七一年)の紀年をもつ)に記された「意富比垝《おほひこ》」の「比垝」と通じるもので、おそらく「彦」という意味の可能性が強い。「卑奴母離」という言葉も、「夷(雛、ひな)を守る」という「夷守《ひなもり》」の意味と推測されるが、日本語と同じ語順の言葉である。つまり、明らかに現在の日本語と共通する要素をもつ、日本語の基層語として位置づけられる言語で、いわば弥生日本語として列島で使われていたということになる。「邪馬台国」の言葉も、その弥生日本語を中国人が表記したものである。

それでは、「邪馬台国」はどのように読まれていたのであろうか。現在では、「やまたいこく」と呼ぶことが少なくないが、実は当時の読み方ではない。

この時代の言葉の発音は、現代の発音とは異なる母音があった可能性が強いとされている。古い時代には「上代特殊仮名遣い」といって、「き・け・こ・そ・と・の・ひ・へ・み・め・よ・ろ」とその濁音(『古事記』には「も」が加わる)は、甲類と乙類という二種類の仮名遣いで書き分けられていた。この書き分けは発音の違いを表わす。つまり、これらの仮名の母音には、甲類の音節「i・e・o」のほか、乙類の音節「ï・ë・ö」があった。平たくいえば、七世紀以前の母音は、今日のように「あ(a)い(i)う(u)え(e)お(o)」という五音ではなく、先の乙類「ï・ë・ö」を加え、母音数が八であったことになる。

「邪馬台国」の四字のうち、この上代特殊仮名遣いに関係するのが「台」である。「台」は「と」と読むが、「と」の音には甲類と乙類があり、「台」は乙類である。つまり、「邪馬台」の「台」字は乙類であり、「やまと(あるいは、やまど)」と読む(『岩波古語辞典』補訂版)。現代音では、「やまと国」が本来の読み方であろう。

「魏志倭人伝」に記されている国名のうち、佐賀県唐津市・東松浦郡の「末盧《まつろ》国」(旧肥前国松《まつ》浦《ら》郡)や福岡県糸島市の「伊都国」(旧筑前国怡土《いと》郡)など、現在も地名として残っているものがある。そこから類推すると、「やまと」も特定の地域を指すと思われるが、「やまと」の地名は全国各地にある。近畿地方の「大和(夜麻登)」は乙類の「と」、九州の旧筑後国山門《やまと》郡や旧肥後国菊池郡山門郷は甲類の「と」となる。音節でいえば、近畿説が有利となる。

なお、現存する「魏志倭人伝」のもっとも古いテキストは、裴松之注《はいしょうし》『三国志』であり、一二世紀の刊本である。ここには「邪馬壹国」とあるが、『三国志』を参照した『後漢書』『隋《ずい》書』や『太平御覧《ぎょらん》』所引の『魏志』に「邪馬臺(台)国」とあるので、元は「邪馬台国」であったとする方がいい。

「魏志倭人伝」の史料価値

「魏志倭人伝」が、どの程度、当時の日本列島の実態を示しているかについて、いくつか吟味すべき論点がある。まずは『魏志』を含め、中国側の記述が実見記事なのか伝聞記事なのか、という問題である。これは魏使がどこに滞在したのか、また卑弥呼と面会したのかどうかという問題とも関係する。これらの確認のうえで、倭人伝が正確に記述されているかどうかが問われるべきであろう。

まずは伊都国についてのくだりで「郡使の往来常に駐《とど》まる所なり」と書かれており、魏使が伊都国に滞在していたことは明らかである。この伊都国には、諸国を検察したという「一大《いちだい》率《そつ》」という役職がおかれていた。そのため、卑弥呼に会わずとも、情報の交換は可能である。しかし、魏使が伊都国に滞在しているからといって、それが必ずしも卑弥呼と会見しなかったということにはなるまい。

このことに触れる記事も「魏志倭人伝」にある。第三部の外交記事によれば、魏使はまちがいなく倭国の中心地を訪れていた。二四〇(正始元)年の魏使は梯儁《ていしゅん》、二四七(正始八)年は張政《ちょうせい》である。梯儁については、「詔書・印綬を奉じて、倭国に詣り、倭王に拝仮《はいか》」したと書かれ、倭王の卑弥呼に会ったことになっている。魏使の外交任務からみて、接見は当然のことであろう。

しかし、倭人伝の記述によれば、卑弥呼は邪馬台国から出国しない「動かない王」だった可能性が強い（後述、二五頁）。卑弥呼が伊都国まで出かけていった、とは考えられないのである。おそらく梯儁は、いったん伊都国に滞在し、そこから邪馬台国まで出向いたのであろう。

このように「魏志倭人伝」には、魏使一行が実際に見たことが書かれていると思われる。しかし、すべて実見したとは限らない。魏の国において、倭国の遣魏使から得た情報が混じっていることも推測できる。結論的にいえば、魏の郡使が卑弥呼に会見しているのだから、伝聞記事と判断して倭人伝を解釈することは正しくない。だが、正史の東夷伝（夷蛮伝）の記事は、本紀などに比べて、疎漏だという見方もある。確かに、一字一句にこだわる必要はないだろうが、「魏志倭人伝」に関する信憑性の史料批判を行ないながら、三世紀の情報を読み取っていくべきであろう。

魏と邪馬台国

邪馬台国の所在地をめぐっては、古くから白鳥庫吉《くらきち》ら東京系学者の九州説と、内藤湖南《こなん》ら京都系学者の近畿説（大和地域説）とがあり、歴史学と考古学のほか民俗学者や日本語学者らも巻き込んで激しい論争が繰り広げられてきた。確かに、邪馬台国の所在地が確定しないと、その後に続くヤマト王権の正しい理解ができず、列島史に強い影響を及ぼす。「どちらでもいい」とは、とても言えない。ただし、歴史学の原則的見地からいえば、所在地を明示する同時代の文字史料か、印綬・文書等が届いたことを示す金印・封泥《ふうでい》などが出現しないかぎり論争は決着しない、と言わねばならない。

「魏志倭人伝」の記事によれば、帯方郡から朝鮮半島南端の狗邪韓国《くやかん》を経て、海上にでる。そして、倭人が居住する対馬《つしま》国(今の対馬)に至る。さらに、一大国(一支国の誤記で、壱岐《いき》のこと)を経て、九州の末盧国に上陸する。その末盧国から、伊都国に向かう。

各国の位置は、伊都国までが①方位、②距離(里程・日程)、③国名の順で書かれている。ところが、伊都国からの記述は、①方位、②国名、③距離と変化する。この記述法の違いをどのように解釈するかによって、学説が分かれる。ひとつは、表記の差異を重くみて、伊都国以降の諸国は、伊都国を起点として放射式に読むと解釈する読み方である。これまでの論争では、特に九州説にこの考え方の研究者が多い。

もうひとつは、邪馬台国までの行程を連続して読む連続説である。中国の記録は、一般的にいって原史料を引用する場合、もとの文章を踏襲するので、表記法の違いに特に意味はないという(堀敏一『東アジアのなかの古代日本』)。しかも、中国正史にみられる夷蛮伝の書き方からいえば、国名が先に書かれた場合に必ず放射式に読むとは限らないことがわかっている(西本昌弘

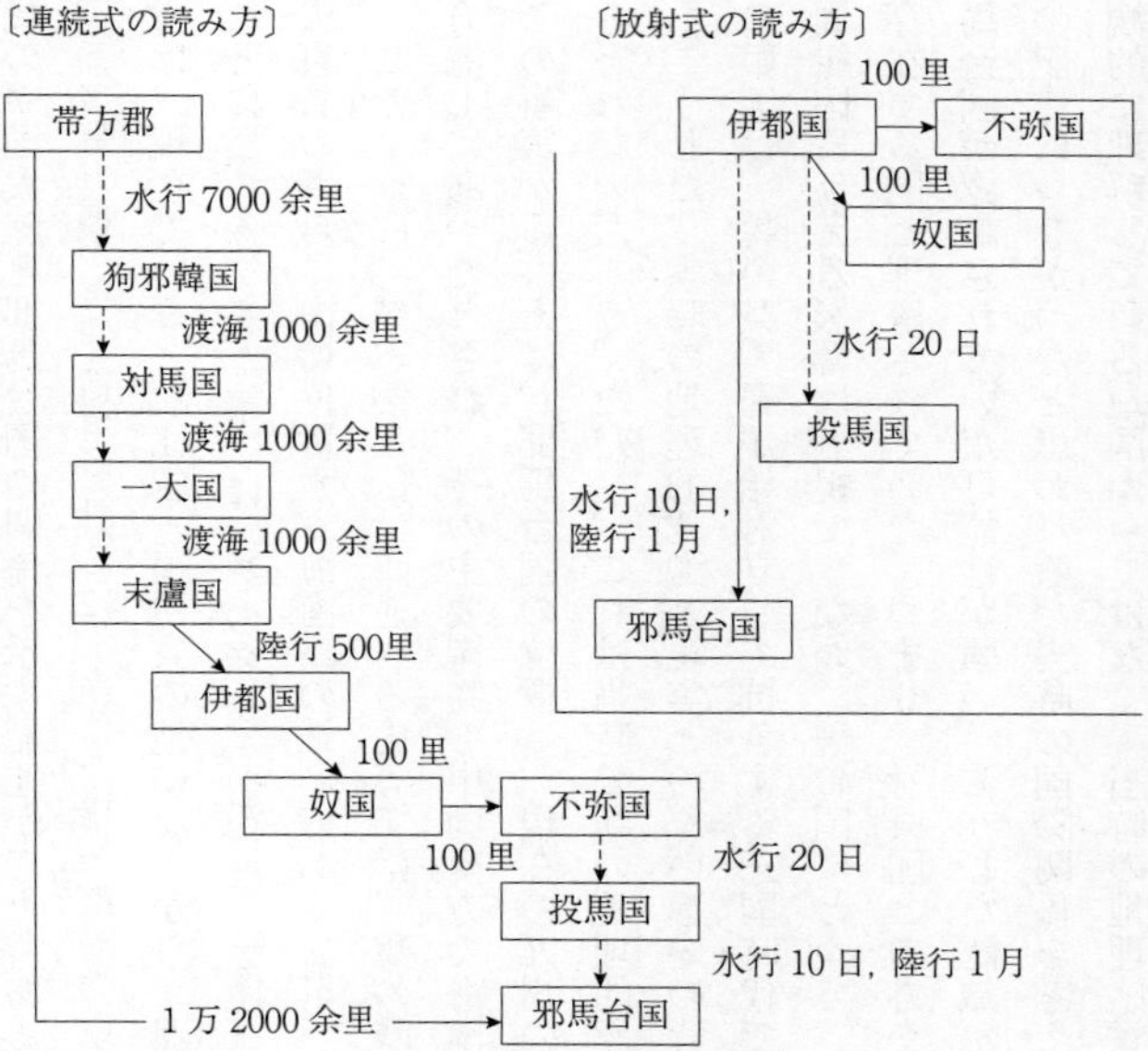

図 1–2 邪馬台国への道程図

「邪馬台国位置論争の学史的総括」）。つまり、表記のあり方の違いは、必ずしも進路方向の違いを意味しない。文章の読み方としては、この連続説の方がいい。

両説を取りあげて、諸国を図示すれば図1－2のようになる。

ここでこの表記法の問題からいったん離れ、当時の魏が倭国の地理的位置をどのように認識していたのか、倭人伝の記述を読み解いていきたい。このアプローチの方が、当時の邪馬台国の所在地を示唆しているからである。

「魏志倭人伝」には、魏の時

代の中国大陸と邪馬台国の関係を示す記述が二カ所ある。第一は、帯方郡からの距離である。「その(帯方郡からの)道里を計るに、当に会稽《かいけい》・東治《とうや》の東にあるべし」とある。会稽・東治の場所は、現在でいうと浙江《せっこう》省・福建省の地になるから、邪馬台国は浙江・福建の東方海上ということになろう。また第二に、その産物・習俗は、「儋耳《たんじ》・朱崖《しゅがい》と同じ」とある。儋耳・朱崖は、広東省のさらに南に位置する海南島の地名である(前出、図1-1)。

このように「魏志倭人伝」が述べる史実では、魏の時代における邪馬台国は、現在の台湾東方海上にあったとされ、その主要産物も中国南方の海南島の物産と比較されていたことになる。この事実からいえば、邪馬台国の位置は、現在の九州のさらに南方にあるという地理観しか読みとれないだろう。ただし、これは当時の魏の地理的認識であり、実際の所在地とは別である。

こうした、当時の地理的認識と現実とのくい違いの背後には、実は重要な意味がある。当時の中国は、魏・呉・蜀が相対立して抗争する三国時代であった。こうした大陸内の対立関係が、周縁国に与える影響は無視できない。魏の国にとって、邪馬台国は敵対する呉国の東方海上に存在する国と理解されていた。つまり、対呉国との外交関係上、戦略的にも重要な国として邪馬台国が認識されていた可能性が強い。こうした認識が、邪馬台国への評価と、「魏志倭人伝」の記述につながったと思われる。当時の国際関係を考えるにあたっては、今日、われわれが客観的に理解している地図からではなく、当時の地理感覚から考察することが肝要ではなかろうか。

こうした魏の地理認識を考えるうえで参考になるのが、一四〇二年に朝鮮で作成された「混《こん》一疆理歴代国都《いっきょうりれきだいこくと》之図」(図1-3)である。中国・元代の地図をもとにしているといわれるが、日本列島を、九州を北とし、そこから南方に延びる列島として描いている。この図に古くからの中国の地理認識が継承されているとすれば、邪馬台国は九州ではなく、近畿地方の方が矛盾しないものと思われる。

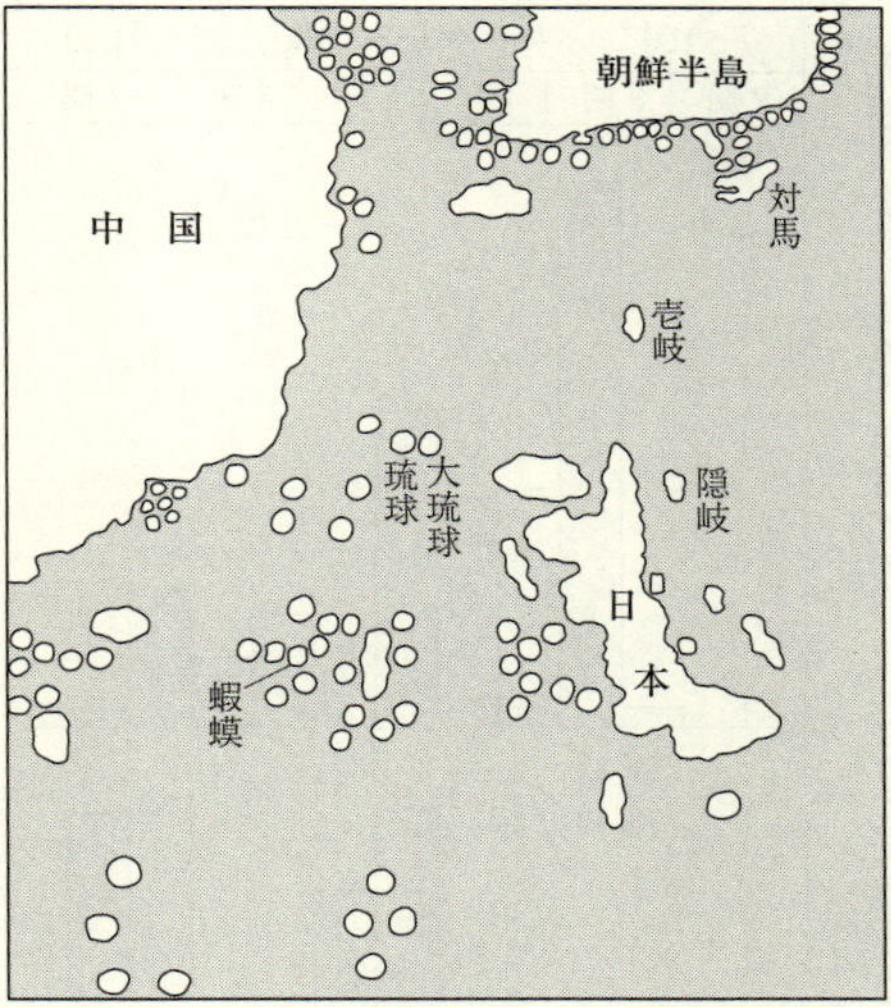

図1-3 「混一疆理歴代国都之図」を簡略化した地図

倭国の統合化と邪馬台国

1節で述べたように、一世紀半ばの日本列島において、中国外交の対象は「倭の奴国」であった。この時期の倭国の中心は、北九州にあった。やがて一世紀末から二世紀初頭にかけ、倭国としてまとまる政治的連合体が形成された。そのため、

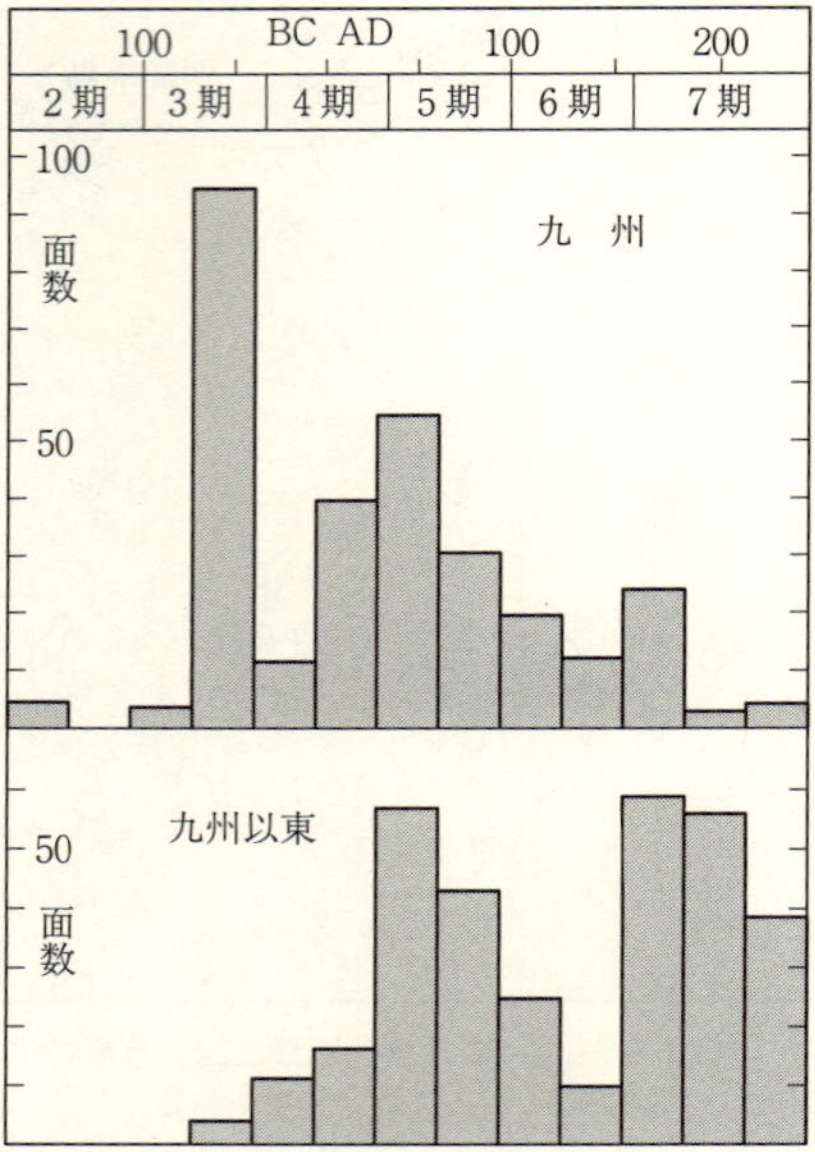

図1-4　漢鏡出土数の変遷(岡村秀典『三角縁神獣鏡の時代』より，一部改変)

中国はこの倭国を外交の相手として交流した。それから約一〇〇年後、邪馬台国が倭国の盟主となった。この邪馬台国の時代にも、国王を男性にするか女性にするかで、倭国内では争いが起こり、大乱にまで発展した(後述)。これは王権としての統合体の内実が、それほど強固でなかったことを示唆している。

先述のように倭国統合化のプロセスを考察する文字史料はないので、考古学研究の成果から推測することにしたい。その素材のひとつが、出土資料の漢鏡である。本シリーズ第一巻(石川日出志、前掲)でも紹介されているように、岡村秀典の研究によれば、当初は九州から近畿地方に比較的均等に分布していた漢鏡が、二世紀半ば以降になると、四国東部から近畿に集中するようになる(図1-4)。つまり朝鮮半島から各国へ流通していた鏡が、直接近畿地方にもた

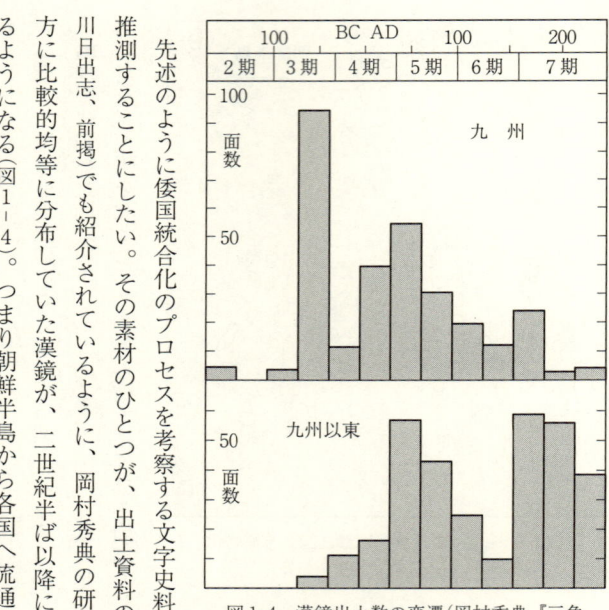

らされ、そこから各国へ分配されるようになる(「考古学からみた漢と倭」)。漢鏡は、各地域の首長権を象徴するレガリア(王位を象徴する宝器)である。その主たる分配権を近畿地方の首長が握ったことは、この地域が列島の政治的センターになっていたことを意味している。

ただし、この説は石川が指摘するように、漢鏡がそれぞれ製作後に輸入され、その地で伝世されて副葬されたことが前提となっている。しかし、そうした留保はあるものの、岡村説でいけば、二世紀後半になると漢鏡分布の主体が近畿地方に変わり、列島ではこの地域の方が九州よりも政治的に優位になることがみてとれる。

ところで、この時期の墳墓は、必ずしも前方後円墳のような定型的企画で造られた形態ではない。たとえば岡山県の楯築《たてつき》墳丘墓(倉敷市)では特殊器台・特殊壺(図1-5)を中心とする祭祀が営まれ、島根県の西谷《にしたに》三号墳(出雲市)では四隅が放射状に突き出る四隅突出型の墳丘墓が造られるなど、それぞれ地域的な特徴をもつ「弥生墳丘墓」である。各地に地域的首長連合が形成され、特有の墓制を形成した結果であろう(図1-6)。

それが弥生時代終期になると、奈良盆地東南部において、前方後円形の墳丘墓で、後の定型的な前方後円墳にはまだ至らない「纏向《まきむく》型前方後円墳」(図1-7、纏向型墳丘墓。前方後円(後方)形墳丘墓とも称す)が造られる。やがて前方部が発展し、古墳時代の定型的企画である前方後円墳が築造されることになる。そして、全国的に普及していったということは、それらの地域を

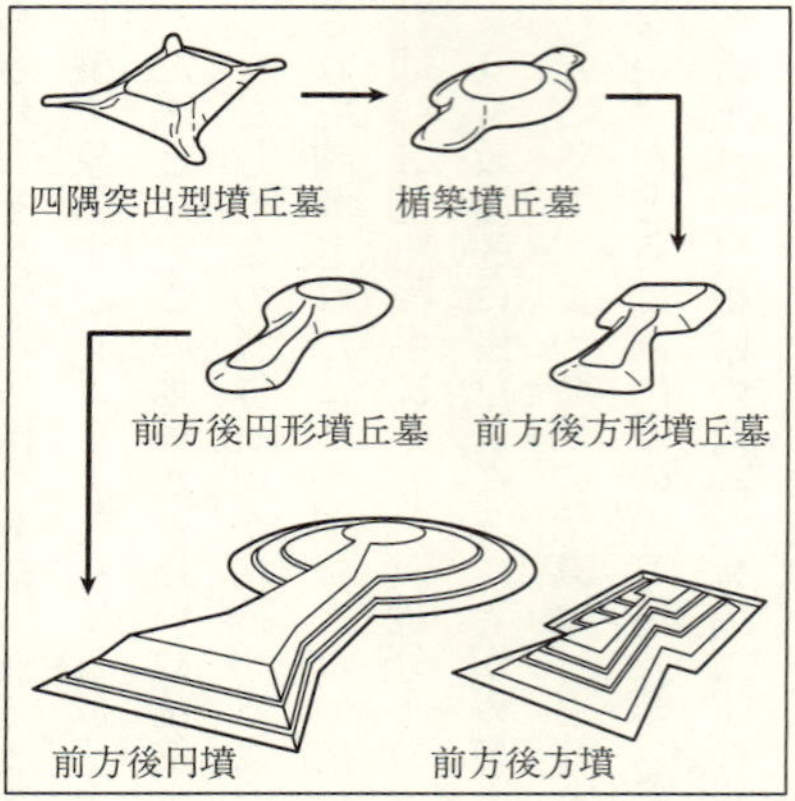

図 1-6　墳型の変遷(松木武彦『全集日本の歴史 1　列島創世紀』より)

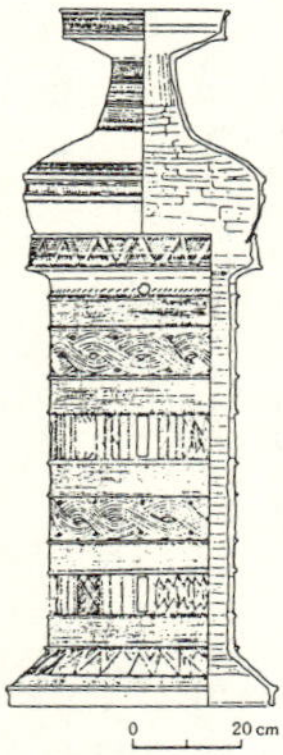

図 1-5　特殊器台・特殊壺の例(岡山県中山遺跡)

図 1-7　纏向石塚古墳跡

ひとつにまとめる政治的連合体が生まれたことを意味するだろう。なお、「纏向型前方後円墳」を古墳時代の前方後円墳として評価する研究者もいる。

このように、倭国としてのまとまりができた後、鏡の輸入などの国際交通の面からいえば、列島の政治的センターは北九州から近畿地方へと重心を移した可能性が強い。つまり、日本列島が倭国として統合されていくプロセスとしては、一世紀末の段階では九州が進んでいたが、二世紀後半になると近畿地方が優位に立った。こうしたなかで、卑弥呼が存在した三世紀初頭には邪馬台国が倭国の盟主となっていったのである。

図1-8　画文帯神獣鏡(中央)と三角縁神獣鏡(奈良県黒塚古墳)

この巻では詳しく触れられないが、卑弥呼が魏の皇帝から贈られた「銅鏡百枚」に画文《がもん》帯《たい》神獣鏡(図1-8)が含まれることはまちがいなく(三角縁神獣鏡も含まれる)、その分布の中心は近畿地方である(図1-9)。これは、弥生後期の漢鏡の分布と同じである。こうした考古学的研究成果を積み重ねていくと、邪馬台国の所在地は近畿地方となってくる。また、すでに述べた魏の邪馬台国に関する地理観から考えると、九州から離れた近畿地方の方が有力となる。

それでは邪馬台国は近畿のどこにあったかといえば、

図1–9　画文帯神獣鏡の分布（福永伸哉『邪馬台国から大和政権へ』）

奈良盆地東南部の可能性が強い。二〇〇九年に、桜井市の纏向《まきむく》遺跡（三世紀初頭から四世紀前半の遺跡）で、三世紀前半の中心地である太田地区（太田北微高地）から、東西方向に一直線に並ぶ三棟の大型建物群が発見された（橋本輝彦「纏向遺跡検出の建物群とその意義」）。今のところ、卑弥呼と直接結びつく資料はないが、邪馬台国時代における卑弥呼に関連する施設の可能性を孕んでいる。しかし、卑弥呼の居住地とは限らない。そのひとつの候補地である。まだ、「親魏倭王」の金印や封泥など、邪馬台国の所在地を証明するような遺物が発見されたわけではない。今後の調査を注意深く見守る必要がある。

3　邪馬台国とはどんな「国」だったか

倭の女王・卑弥呼

一般に誤解が多いことであるが、卑弥呼は邪馬台国女王として君臨したと思われている。しかしながら、「魏志倭人伝」には、「邪馬台国女王」とは明確に書かれていない。むしろ、邪馬台国は「女王の都する所」とあり、邪馬台国は倭女王の卑弥呼が居住し、統治する都という位置づけである。最初に、「女王国」問題を取りあげてみたい。

すでに述べたように「魏志倭人伝」第二部の風俗記事に、「その国、もとまた男子を以て王となし、住《とど》まること七、八十年、倭国乱れ、相攻伐すること歴年、すなわち一女子を共立して王となす」とみえる。つまり、倭国では元来、男子が王位を継承していたが、内乱が起こったために、一女子を共立して王としたのであった。それが卑弥呼である。卑弥呼の没後も、「更に男王を立てしも、国中服せず。更〻《こもごも》相誅殺し、当時千余人を殺す」という事情で、卑弥呼の宗女壱与《いよ》(台与《とよ》)を立て、乱を終息させたという。

つまり、男王か女王かで倭国内で争いが起こり、それを終息させるために、新たに女王を即位させていたということである。壱与の没後は必ずしも明らかではないが、『梁書』《りょう》(六三六年刊行)その他から推測すると、男王が即位した可能性が強い。つまり三世紀の前半、卑弥呼と壱与の二代に限って女王が即位したことになる。これが、三世紀前半の倭国をめぐる政治状況であった。なお、卑弥呼と政治的に対立していた狗奴《くな》国でも、王は男王であったと記されている。

この時期、倭国の王は必ずしも邪馬台国の王を擁立するのではなく、倭国を構成する諸国の意思を含めて国王が選ばれていた。伊都国にも王がおり、これら諸国の盟主が邪馬台国であり、その連合体が倭国であった。こうした国々が卑弥呼を共立し、倭の女王として即位させた。そのため倭国は女王国とされたのである。

「魏志倭人伝」によれば、二三九（景初三）年に「親魏倭王」として倭王に任命して以来、第三部の外交記事における「倭国」「倭王」「倭女王」にふれた箇所では、厳密に「倭の女王」が卑弥呼であると記述されている。必ずしも「邪馬台国女王」とは書かれていない。こうした問題を重視したのが西嶋定生で、卑弥呼は倭国の女王であるが、邪馬台国女王ではないと強調した（『邪馬台国と倭国』）。

ただしこの西嶋の意見は、第一部（方位記事）と第二部（風俗記事）にみえる「女王国」については、やや問題点がある。たとえば、「郡より女王国に至る万二千余里」とみえる。この「女王国」は邪馬台国を意味すると思われるが、そうであれば、邪馬台国の女王が卑弥呼という解釈も可能となる（仁藤敦史『卑弥呼と台与』）。この点は、仁藤のいうように、少なくとも「親魏倭王」に任じられた二三九年以降は、卑弥呼は倭国の女王であって邪馬台国女王ではない、と言う方がより正確かと思われる。

卑弥呼の二つの顔

卑弥呼が率いる倭国王権の特徴は、外交にも内政にもみることができる。卑弥呼は、対外的には魏の皇帝から拝命した「親魏倭王」という外交上の顔をもっていた。「親魏倭王」の称号は、「魏に親しむ倭王」という意味であるが、このような称号を授与された国は、他には中国西方の大月氏《だいげっし》国（クシャーナ王朝）に与えられた「親魏大月氏王」しかない。つまり、呉・蜀と戦っていた魏が、両国への外交圧力を意識しつつ、外臣である東の倭国と西の大月氏国に、高い位を与えたということになる。逆にいえば、卑弥呼は実力以上に魏から厚遇されていたのである。ただし、倭国は毎年朝貢を要請されるような国柄ではなく、いわば不臣の朝貢国という外交的ポジションにあった。

先の2節で触れた「銅鏡百枚」は、卑弥呼が魏との外交のなかで、魏に対して要請した「好物（りっぱな物品）」である。魏からは贈与品「五尺刀二口・銅鏡百枚」が贈られたという。魏は、これらの品物について、「悉く以て汝が国中の人に示し、国家汝を哀れむを知らしむべし」と指示している。刀や銅鏡という威信財の働きにより、魏が卑弥呼を支援していることを周知させる役割をもっていたのである。

また、卑弥呼は国内的には倭国内の諸国から共立された女王として振る舞っていた。「鬼道《きどう》に事《つか》え、能《よ》く衆を惑わす」とあるように、シャーマンとしての宗教的性格を強くもっていた。卑弥呼は、トランス状態で、神霊と交わっていたのだろう。「鬼道」とは、原始的な巫術《ふじゅつ》を行なうシャーマンを、魏の側が蔑んで呼称した言葉であろう。また、「王となりしより以来、見《まみ》ゆること有る者少なし」「ただ男子一人有りて、飲食を給し、辞を伝えて居処に出入す」と記されており、いわゆる「見えない王」としての性格に卑弥呼の本質があった。

こうした宗教以外の分野では、「男弟有りて、国を佐《たす》け治む」とあり、俗権的な世界では、男弟が佐治《さじ》していた。「佐治」という漢語は、辛亥年（四七一年）の紀年を持つ稲荷山古墳出土金錯銘鉄剣にもみえ、「獲加多支鹵《わかたける》大王の寺（政府施設）、斯鬼《しき》宮に在る時、吾、天下を左治（佐治）」とある（次章で詳述）。三世紀の倭国にはまだ「天下」という政治意識はなかったため、邪馬台国時代には、「治天下（天下を治む）」の言葉はなかった。そのため、卑弥呼と男弟とは「治―佐治」の関係で結ばれていた。男弟は、卑弥呼を「佐け治」めていたのである。この両者の関係は、重要である。

このような聖権（卑弥呼）と俗権（男弟）との分掌関係を「ヒコ―ヒメ制」と理解し、聖俗分治と解釈する考えもある。ただし、仮に卑弥呼の政権について「ヒコ―ヒメ制」という理解が可能であったとしても、従来から男王が続いているなか、二代に限って出現した女王である。それを構造的システムとして評価することは、困難ではなかろうか。

いずれにせよ、卑弥呼は対外的には親魏倭王としての開明化された顔をもちつつ、国内では鬼道に仕える未開のシャーマンという、二重の性格をもつ存在であった、と評しておこう。

倭国的官職と中国的官職

邪馬台国の時代には、「卑狗」や「卑奴母離」のような弥生日本語で命名された原始的官職が発生していた（表1‐1）。長官と想定される「卑狗」は、「日子」「彦」に通じていく言葉であり、「りっぱな男子」の意味であろう。首長ク

表1-1 「魏志倭人伝」にみえる諸国の職名

	中国的官職名		倭国的職名	
	当該国	倭国	大官《たいかん》(官)	副ほか
対馬国			卑狗	卑奴母離
一支国			卑狗	卑奴母離
末盧国				
伊都国	王	一大率	爾支《にき》	泄謨觚《せつぼこ》・柄渠觚《へいきょこ》
奴国			兕馬觚《しまこ》	卑奴母離
不弥国			多模	卑奴母離
投馬国			弥弥	弥弥那利《みみなり》
邪馬台国	(女王)	大夫 都市	伊支馬《いきま》	弥馬升《みまそ》・弥馬獲支《みまわけ》・奴佳鞮《なかて》
狗奴国	王		狗古智卑狗《くこちひこ》	

ラスの名前としてふさわしく、共同体の階層分化から生じた普遍的な支配者の職名であろう。一方、副官と思われる「卑奴母離」は、「夷守」の意味であり、対馬国・一支国・奴国・不弥《ふみ》国に置かれている。地域ないし地方を守る役職であれば、盟主である邪馬台国から各国へ派遣されていた可能性もある。そうであれば、倭国内部において、邪馬台国と朝鮮半島に近い国々とが官職を通じて結びついていたことになる。

また一方、すでに一世紀の半ばには、「使人自ら大夫と称す」(『後漢書』建武中元二(五七)年)とみえるように、倭の奴国にも中国的な官職名が出現していた。『後漢書』よりも前に編纂された「魏志倭人伝」にも、「古より以来、其の使いの中国に詣《いた》るや、皆、自ら大夫と称す」と書かれており、大夫の呼称は古い。外交を担う役職としては、中国にも通りやすい職名を使用していた。

さらに、「女王国より以北には、特に一大率を置き、諸国を検察せしむ。諸国これを畏憚《いたん》す。常に伊都国に治す」とある。この「一大率」も中国的官職名と思われるが、卑弥呼の代理として諸国を検察するという、倭国を統合するうえで必要な役職として設置されたのであろう。

おそらく旧来の支配システムのなかでは弥生日本語の職名が用いられ、対外関係や新たな統治の場面では、中国的な官職名が用いられた。この事実は、何を意味するのだろうか。中国との外交関係や倭国統合の新段階において、中国的な官職名が必要とされたことは、新しい政治舞台に対応した新たな官職が求められたということであろう。旧来の組織体制では、拡がっていく国内外の政治のなかでもはや有効に機能できなかったからである。このように倭国では、旧来の支配システムを越えた、新しい職務と中国的官職名が誕生していたことがみてとれる。

次に、注目したいのが市《いち》の管理問題である。この時代、日本列島の人々にとって、

市の管理

朝鮮半島からの鉄の入手とその流通は重要な問題であった。同じ「烏丸鮮卑東夷伝」の弁辰《べんしん》条に、「国は鉄を出し、韓・濊《わい》・倭皆従いて之《これ》を取る。諸々の市買には皆鉄を用い、中国の銭を用いるが如くして、また以て二郡(楽浪郡・帯方郡)に供給す」とある。この記述によれば、鉄は銭のような役割を担っており、入手ばかりか管理などにも新たな仕組みが必要になってきていたと想定される。「魏志倭人伝」には、市を管理する職種がいくつかみえる。列

島の文明化にとって避けて通れない課題なので、少し詳しく考察したい。

第三部の外交記事のなかに、「帯方の太守劉夏《りゅうか》、使いを遣わし、汝の大夫難升米《なんしょうまい》・次使都市《とし》牛利《ごり》を送る」とある。次使の「都市牛利」の語は、その後の記述に「汝の来使難升米・牛利」とみえるので、「都市」は「大夫」とともに使者の官職名であることが判明する。「都」の漢字には、「つかさどる、統べる」という意味があり、「都市」は、「市をつかさどる」という意味の職名である（吉田孝「魏志倭人伝の「都市」」）。

ただし、魏に派遣された「都市」が、文字どおり市をつかさどっていたかどうか、簡単には断定できない。あるいは遣魏使に対する権威付けの役職名であったかもしれない。ここでは、外交関係に携わる使者に用いられた中国的官職名であり、実際にもその業務に従事していたと推測したい。

「魏志倭人伝」には、この問題にからむ市の監督に関連すると思われる記事がある。第二部の風俗記事中に、「国国有市。交易有無、使大倭監之（国国に市有り。有無を交易し、大倭《たいわ》をして之を監せしむ）」の「大倭」である。大倭の職掌の対象は、「国国の市」とあるので、国内の交易の管理。「都市」とは異なった職務に従事していたのであろう。この大倭の語については、官職名ととらえるか、あるいは倭国の別称と理解するか、二とおりの解釈ができる。

前者の官職名説では、倭国の官人として、「大倭」が諸国の市の管理を担っていたことになる。なお、「大倭」については、「倭」の字を別に理解する説もある。「倭」の字は、もとは偏の「人」と、旁《つくり》の「委」の二字であったとし、「使大人委監之(大人をして之を委監せしむ)」と解釈する考え方である。この立場では、「大人《たいじん》」が各国の市の管理を担っていたことになる。この大人とは、官職名ではなく身分を指す用語である。大人は、倭国の支配者身分なので、この階層の者が国々の市を管理していたことになる。

一方、後者の国名説は、『後漢書』に「大倭王」(倭王のこと)という用例があることを配慮する(堀敏一『東アジアのなかの古代日本』)。この『後漢書』は「魏志倭人伝」より後に編纂されており、国名の可能性も棄てがたい。このように、問題箇所の文意は今ひとつ定かでないが、いずれにせよ倭国が諸国の市の管理を行なっていたことになる。しかるに「都市」は「大倭」とは異なる官職であり、国の範囲を越えた交易管理を職務にしていたのであろう。推測を重ねることになるが、漢語表記の「都市」の役職の出現が、新しい流通管理の導入を意味しているのだと思われる。

邪馬台国時代の社会と身分

この時代の倭国の身分には、支配層の「大人」と被支配層の「下戸《げこ》」という区分がある。下戸の記述は、「烏丸鮮卑東夷伝」の各国・種族にみられる言葉である。倭人条では(1)「大人の敬する所を見れば、(下戸は)ただ手を搏《う》ち、以て跪拝《きはい》に当《あ》つ」、(2)「下戸、大人と道路に相逢えば、逡巡《しゅんじゅん》して草に入り、辞を伝えて事を説くには、或いは蹲《うずくま》り、或いは跪《ひざまず》き、両手は地に拠り、これが恭敬を為す」と書かれている。⑴は大人への恭敬の行為に拍手が必要なこと、⑵では道路で会った場合は、草むらに入ること、言葉をかけられた時は蹲るか跪いて両手を地につけなければならなかったことを示す。このように大人と下戸の間には、明らかな身分差別が存在していた。

「烏丸鮮卑東夷伝」の全体をとおしてみると、被支配者の名称である下戸が共通し、支配階層は大人の類の職名という二分法の名称になっている。支配階層は、「豪民《ごうみん》」(扶余《ふよ》)、「大家《たいか》」(高句麗)、「長帥《ちょうすい》・渠帥《きょすい》」(東沃沮《ひがしよくそ》)とそれぞれ記されており、集落の共同体首長と想定される。国ごとに別の名称で呼ばれている理由は、各共同体ごとに地域的特色を有していたからであろう。一方の下戸は集落の民、共同体成員であった。倭人条では「山島に依りて国邑を為す」とあるが、国邑とは考古学でいう「拠点集落」であり、その元で小集落が統率されていたのであろうか。

そして、「その法を犯すや、軽き者はその妻子を没し、重き者はその門戸及び宗族を没す」とあり、犯罪者は奴婢《ぬひ》に貶められた(没官《もっかん》)ことがわかる。奴婢がすべて犯罪者とは想定できないにしろ、大人・下戸・奴婢の階級があったことは推測できる。卑弥呼の葬儀に関しては、奴婢百余人が徇葬《じゅんそう》されているので、奴婢が奴隷であることはまちがいない。また、倭人条には諸国の文身《ぶんしん》(入れ墨)が異なり、入れ墨の仕方によって尊卑の差があると記されているが、大人と下戸の文身に関しての詳細は不明である。

なお、先の犯罪関連の記述により、「夫・妻・子」の世帯と「門戸」、そして「宗族」の血縁単位が存在したことがわかる。門戸は、学術用語でいう家族共同体であろう。宗族とあるが、それは必ずしも中国的な父系的氏族ではなく、倭人的特徴を有する氏族と想定される。当時の社会では、「その会同・坐起《ざき》には、父子・男女の別なし。人の性、酒を嗜《たしな》む」とあり、集落の構成員間には家父長制的な仕組みはみられなかった。以上が、「魏志倭人伝」からみた邪馬台国時代の社会の一端である。

第二章　ヤマト王権の成立

1　ヤマト王権のはじまり

はつくにしらすスメラミコト

第一章では、邪馬台国を盟主とする倭国が三世紀の列島を政治的に統合し、魏と外交関係を維持していたことを述べた。この三世紀の倭国と、ヤマト王権がどのように関係していたのかは、ヤマト王権がいつ成立したか、その成立時期と関係している。成立時期が判明しないと、倭国とヤマト王権との関係を明らかにすることができない。そのため、ここではヤマト王権のはじまりから考察する。ところが、その成立時期は必ずしも自明ではなく、ヤマト王権の成立と最初の王の問題についてまず考察しなければならない。

ヤマト王権の由来と伝承は、『古事記』と『日本書紀』に書かれている。しかし、「はじめに」でふれたように、最終的には八世紀に編纂された書物なので、史料批判が必要となる。最初に、初代の王の問題から述べてみたい。

「記・紀」ともに、第一代は神武《じんむ》天皇と書かれている（表2－1。ただし本書では、『日本書紀』の天皇の代数は、わかりやすくするために便宜的に使うだけで、実在を認めるものではない）。それにもかかわらず、あえて初代の王を問いただすのは、なぜか。実は「記・紀」の天皇史の始原には、謎が存在するからである。まずは、この天皇史の謎から解き明かしていきたい。

「記・紀」には、不思議なことに「はじめてこの国を統治する天皇」という意味の「はつくにしらすスメラミコト」と名づけられた天皇が、二人も存在する。『日本書紀』には二人おり、第一代の神武に「始馭天下之天皇」と記し、第一〇代の崇神《すじん》天皇に対しても「御肇国天皇」(ともに、はつくにしらすスメラミコトと読む)と記す。一方、『古事記』では、崇神だけに「初国知らし御真木天皇《みまきのすめらみこと》」と記述する。つまり、「記・紀」ともに第一〇代天皇である崇神に対し、なぜか「初代の天皇」という呼び方をしている。それは、なぜなのか。

天皇の歴史を書き記す史書において、一〇代目が「初代の天皇」とされていることは、いかにも理不尽であり、何か重大な自己矛盾が隠されていると思わざるをえない。ここであらためて、「記・紀」が後代の編纂物だということを思い起こしたい。「記・紀」の編纂の基礎史料である「帝紀」には、王位継承の事項が含まれている(後述)。当然ながらそこに、崇神を初代の王とする伝承が存在していたからこそ、「記・紀」の両書にそれが採用されたのであろう。それならば、ヤマト王権の成立を示す「初代の天皇」は、神武ではなく、第一〇代の崇神天皇であると考えた方が妥当であろう。ただし、第二代〜第九代の「闕史八代《けっしはちだい》」など、いくつか検討しなければならない問題は残る。

最初に、同じ「はつくにしらすスメラミコト」と修飾された神武と崇神天皇に対する漢語表記の問題を取りあげたい。

神武は『日本書紀』に「始馭天下之天皇」と記されているように、その統治の対象を示す語として「天下」の文字がある。その一方、崇神は「御肇国天皇」(『書紀』)と「初国知らしし御真木天皇」(『古事記』)と書かれている。つまり、「記・紀」ともに、崇神は「天下」ではなく「国」の文字で、その統治範囲を表わす。

邪馬台国の時代に「天下」の観念がまだなかったことはすでに述べた(二六頁)。天皇史を振

備　考
はつくにしらすスメラミコト
はつくにしらすスメラミコト
「定レ境開レ邦」
「聖帝」
「正レ姓撰レ氏」
金錯銘鉄剣・銀錯銘大刀
応神五世孫 勾大兄
譲位
皇極重祚
オホヤマトネコアマノヒロノヒメ

表2-1 『古事記』(一部『日本書紀』)による天皇表

漢風諡号	名	古事記 帝紀	古事記 旧辞	書紀巻数
(神代)			□	1・2
1 神武	カムヤマトイハレビコ	□	□	3
2 綏靖	カムヌナカハミミ	□		4
3 安寧	シキツヒコタマテミ	□		4
4 懿徳	オホヤマトヒコスキトモ	□		4
5 孝昭	ミマツヒコカヱシネ	□		4
6 孝安	オホヤマトタラシヒコクニオシヒト	□		4
7 孝霊	オホヤマトネコヒコフトニ	□		4
8 孝元	オホヤマトネコヒコクニクル	□		4
9 開化	ワカヤマトネコヒコオホビビ	□		4
10 崇神	ミマキイリビコイニヱ	□	□	5
11 垂仁	イクメイリビコイサチ	□	□	6
12 景行	オホタラシヒコオシロワケ	□	□	7
13 成務	ワカタラシヒコ	□		7
14 仲哀	タラシナカツヒコ	□	□	8
(神功)	オキナガタラシヒメ	■	■	9
15 応神	ホムダワケ	□	□	10
16 仁徳	オホサザキ	□	□	11
17 履中	オホエノイザホワケ	□	□	12
18 反正	タヂヒノミヅハワケ	□		12
19 允恭	ヲアサツマワクゴノスクネ	□	□	13
20 安康	アナホ	□	□	13
21 雄略	オホハツセノワカタケル	□	□	14
22 清寧	シラカノオホヤマトネコ	□	□	15
23 顕宗	ヲケノイハスワケ	□	□	15
24 仁賢	オケ	□		15
25 武烈	ヲハツセノワカサザキ	□		16
26 継体	ヲホド	□		17
27 安閑	ヒロクニオシタケカナヒ	□		18
28 宣化	タケヲヒロクニオシタテ	□		18
29 欽明	アメクニオシハラキヒロニハ	□		19
30 敏達	ヌナクラフトタマシキ	□		20
31 用明	タチバナノトヨヒ	□		21
32 崇峻	ハツセベノワカサザキ	□		21
33 推古	トヨミケカシキヤヒメ	□		22
34 舒明	オキナガタラシヒヒロヌカ			23
35 皇極	アメトヨタカライカシヒタラシヒメ			24
36 孝徳	アメヨロヅトヨヒ			25
37 斉明	アメトヨタカライカシヒタラシヒメ			26
38 天智	アメミコトヒラカスワケ			27
39 天武	アマノヌナハラオキノマヒト			28・29
40 持統	タカマノハラヒロノヒメ			30

(□は帝紀・旧辞の存在を推定. ■は皇后)

り返れば、当然のことながら、その統治する範囲は、時間とともに拡がっていく。初代の王は、列島の一部である「国」程度を統治し、やがて蝦夷《えみし》・隼人《はやと》などの列島の夷狄や、海外の「蕃国《ばんこく》」(伽耶《かや》・新羅《しらぎ》等)を支配するようになる。したがって、時系列で統治範囲をみていけば、初代の天皇の統治範囲を表わすのは、「はつくに」という「国」の表記の方が妥当ということになる。つまり統治の範囲という視点からみれば、「国」の文字が使われる崇神天皇の方が、初代天皇にふさわしい。

逆に、すでに夷狄や蕃国を支配下におさめ、宇宙を統治する王・天皇が「治天下《ちてんか》(天の下を治《し》らしし)」の王、ないし「御宇《ぎょう》(宇内《うだい》を御す)」天皇となる。この時期には、「治天下」「御宇天皇」の観念が正当となる。つまり、「天下」の方が「国」の支配よりも、後になって出てくる観念なのである。

こうした考え方に立てば、神武天皇に対する「天下」という表記が、後世の王と天皇観の知識で潤色されていることがわかる。つまり、神武に対する『書紀』の「始馭天下之天皇」という表記は、後に潤色されたもので、『書紀』編者の人為的作為であることを示唆している。「記・紀」では神武を第一代の天皇としたので、編纂当時、すなわち律令制下の天皇観を反映させずにはおれなかった、ということになる。

やや難しい説明になったかと思われるが、統治範囲が「国」から「天下」へと変わっていく天皇史の展開からみれば、神武と崇神に対する修飾表記が、時系列でいえば逆転していたのである。実際の初代天皇は、第一〇代の崇神であり、神武の初代天皇説は『書紀』編纂時に付加された可能性が強い。

なお、崇神に「はつくに（国）」の語を冠する表記は、「記・紀」ばかりではない。「常陸国風土記《ひたちのくにふどき》」香島《かしま》郡条に「初国知らしし美麻貴《みまき》の天皇」とみえ、奈良時代の地方でも、崇神は「初代の国を支配した天皇」と理解されていた。

『日本書紀』の天皇と闕史八代

ヤマト王権の初代天皇が「記・紀」の第一〇代の崇神天皇となると、崇神以前の九人の天皇系譜には、どのような意味がもたされているのだろうか。

そもそも「記・紀」は歴史的に編纂された書物であり、記載された天皇がすべて実在したという保証はない。『日本書紀』には三九人の天皇（皇極が重祚《ちょうそ》した斉明《さいめい》天皇を入れると、四〇人。神功《じんぐう》皇后を除く）の歴史が編年体で記述されている。それぞれの天皇が実在したかどうか、その存在についても一人ひとり検証していかなければならない。

このように天皇系譜に対して疑問をいだかざるをえない大きな理由に、ありえない「長寿」の記載がある。『書紀』では、初代の神武即位を「辛酉《しんゆう》の年に天命《てんめい》が革《あらた》まる」という辛酉革命説によったため、六〇一（推古九、辛酉年）年から一二六〇年さかのぼった年に即位したものとしている。この辛酉革命説によるには、即位年を無理矢理古く設定せざるをえなくなり、その後の天皇の歴史を編年体で埋めていくのにかなり無理をすることになった。そのひとつが天皇の寿命であり、『古事記』では崇神は一六八歳、垂仁《すいにん》は一五三歳など、没年に造作を加えることになった。いうまでもなく、人間の寿命からはこうした「長寿」は起こりえない。

次に、王位継承の問題がある。第二代の綏靖《すいぜい》天皇から第九代の開化《かいか》天皇まで、記述内容は帝紀を中心としていて、「旧辞《きゅうじ》」として伝承された天皇の事績がない。帝紀と旧辞については次項で取りあげるが、この八代は歴史的な旧辞を欠くという意味で「闕史八代」と呼んでいる。注意すべきは、この八代を含む神武から崇神までの王位継承は、すべて父子間で王位継承が行なわれていることである。これは、歴史的事実なのであろうか。なぜなら、実在性が強くなる第一五代の応神《おうじん》天皇以降の王位継承は、弟が兄の王位を継いでいく兄弟継承が多くなる。したがって、闕史八代における父子継承が、実際の王位継承の順次であったとは考えられず、何らかの造作であるとしか思えないのである。

また、天皇に付される名称の問題もある。たとえば、第七代孝霊《こうれい》天皇(オホヤマトネコヒコフトニ)・第九代開化《かいか》天皇(ワカヤマトネコヒコオホビビ)などの名称(後の和風諡号《しごう》にあたるか)に含まれる「ヤマトネコ」などは、持統《じとう》・文武《もんむ》・元明《げんめい》・元正《げんしょう》天皇にみられる「ヤマトネコ」と共通しており、「ヤマトネコ」というような名は七世紀後半の知識で追記されているものとおぼしい。これらの尊称を除くと、「スキトモ」(懿徳)、「フトニ」(孝霊)などとなる。これらの名前は、「ホムダワケ」(応神)、「オホサザキ」(仁徳)、「イザホワケ」(履中《りちゅう》)など、四世紀末の応神以降の名前とはかなり様相を異にしており、同時代の名前とはとても思われない。そのため、闕史八代の天皇名は、四世紀末以前の名前だったと判断することは難しく、むしろもっと新しい時代の命名でつくられた天皇と思われる。したがって、津田左右吉《そうきち》・井上光貞らが説いてきたように、闕史八代は実在した八代の王とは認められないのである。

さらに付言すれば、闕史八代について付加された伝承などは、必ずしも「記・紀」編纂時代の事実によるものではない。闕史八代の天皇の后妃をみると、磯城県主《しきのあがたぬし》・十市《とおち》県主と尾張連《おわりのむらじ》・穂積臣《ほづみのおみ》ら近隣と思われる氏族の娘が多い。天皇の后妃の歴史をひもとくと、五世紀代の王の后妃の出自は、葛城《かずらき》氏などの豪族との婚姻が多い。しかし、六世紀の欽明天皇以降になると近親婚が増えてくる。こうした后妃の出自の変遷と比較すると、豪族の規模は異なるが、闕史八代の婚姻の相手は五世紀の時代とむしろ合致する。

このように、「記・紀」に記された闕史八代のかたちになるまでには、いくつかの潤色のプロセスがある。こうした記述は、「記・紀」が編纂された時期前後の歴史が反映していると説明することもできるが、必ずしも時代順を追っているわけでもない。ある歴史的事実との共通のモチーフや類似性は指摘できても、明確に造作の理由を説明できるとは限らない。

帝紀と旧辞

ここでは「はつくにしらすスメラミコト」の伝承を含め、『古事記』『日本書紀』が編纂材料とした、「帝紀」と「旧辞」について述べておきたい。帝紀は、「帝皇日継《すめろきのひつぎ》」や「皇祖等之騰極次第《すめみおやたちのひつぎのついで》」（『書紀』持統二年一一月条）とも呼ばれ、旧辞は「本辞《ほんじ》」「上古諸事《じょうこしょじ》」ともいうが、その内容は同じであろう。どちらも史料として残されていないので、「記・紀」などから推測して復元することになる。

特に帝紀については、これまでいくつかの学説が唱えられている。かつて武田祐吉は、「記・紀」の記載の比較研究から、帝紀の内容として次のように整理した。(1)前の王との続柄、(2)本人の名前、(3)居住した王宮と、天下を治めた年数、(4)妃とその子ども、および彼らの簡単な事蹟、(5)王の重要な事蹟に対する簡単な記述、(6)王の年齢とその墓、の六項目をあげた（『古事記研究　一帝紀攷』）。

しかし、『日本書紀』研究に画期的業績をあげた津田左右吉は、(4)と(5)の事蹟の記載については否定的な立場をとった（『日本古典の研究』）。さらに井上光貞も、津田説の考え方を継承して議論を発展させたので（井上光貞『日本古代国家の研究』）、この津田・井上説が一般的な通説として支持されてきた。一方、旧辞に関しては、ほぼ異論なく王位にかかわる事蹟内容の伝承の類と考えられている。

稲荷山出土鉄剣

ところが、この帝紀にまつわる津田・井上説に対し、再検討を迫る金石文が現われた。第一章でも触れた埼玉県行田市の稲荷山古墳出土の「辛亥年」から始まる金錯《きんさく》銘鉄剣《めいてっけん》である(図2-1)。「金錯銘鉄剣」という呼称は、国宝指定の正式名称であるが、「錯」とは地金《じがね》を象嵌《ぞうがん》して磨き出すことをいう。銘文は以下のとおりである。

(表)　辛亥年七月中記乎獲居臣上祖名意富比垝其児(名脱カ)多加利足尼其児名弖已加利獲居其児名多加披次獲居其児名多沙鬼獲居其児名半弖比

(裏)　其児名加差披余其児名乎獲居臣世々為杖刀人首奉事来至今獲加多支鹵大王寺在斯鬼宮時吾左治天下令作此百練利刀記吾奉事根原也

(表)　辛亥の年七月中、記す。ヲワケの臣。上祖、名はオホヒコ。其の児、(名は)タカリのスクネ。其の児、名はテヨカリワケ。其の児、名はタカヒ(ハ)シワケ。其の児、名はタサキワケ。其の児、名はハテヒ。

(裏)　其の児、名はカサヒ(ハ)ヨ。其の児、名はヲワケの臣。世々、杖刀人の首と為り、奉事し来り今に至る。ワカタケ(キ)ル(ロ)の大王の寺、シキの宮に在る時、吾、天下を左治し、此の百練の利刀を作らしめ、吾が奉事の根原を記す也。

図2-1　稲荷山古墳出土「金錯銘鉄剣」

冒頭に「辛亥年」の干支があり、西暦四七一年であることが判明する。銘文には「獲加多支鹵（ワカタケル）」の王名と「意富比垝（オホヒコ）」「乎獲居（ヲワケ）」の名前がみえ、オホヒコからヲワケに至る八代の系譜の名が刻まれている。また、ワカタケルが「斯鬼《しき》宮」に居住していたことがわかる。

鉄剣銘文が語るもの

ワカタケルとは、『日本書紀』に「大泊瀬幼武」、『古事記』に「大長谷若建」（ともにオホハツセノワカタケルと読む）とみえる、五世紀後半に在位した雄略天皇のこと。オホヒコは、『日本書紀』に「大彦」（崇神一〇年九月条）、『古事記』に「大毘古」とみえる人物であろう。いわゆる「四道《しどう》将軍」（「記・紀」において、崇神天皇の代に四方の征討に派遣されたと伝えられる四人の将軍）の一人。ただし、鉄剣銘にオホヒコの名前があるからといって、オホヒコが実在したと決めつけることはできない。しかし、少なくとも五世紀後半の時期に、オホヒコに関する伝承が存在していたことは推測が可能である。

なぜこの銘文が重要かといえば、これが「天皇史」の古層を暗示するからである。まずこの銘文には、ヲワケが「杖刀人首《じょうとうじんしゅ》」としてワカタケルに奉事（仕え奉ること）している理由が、始祖とするオホヒコとの八代にわたる系譜というかたちで記載されている。このように系譜が成文化されている事実は重要である。系譜を作成する意識が定着しているとすれば、当時すでに王の系譜（王統譜）が存在してもおかしくないからである。五世紀後半に、すでに王統譜が存在していたとすれば、それは帝紀にも当然反映されたであろう。

具体的にいえば、鉄剣銘に名前と系譜が記されているので、帝紀にも、先述した(1)と(2)、つまり前王との続柄と名前が含まれていた可能性が出てくる。王宮についても、「斯鬼宮」の記載があり、(3)も現実性を帯びてきた。『古事記』には、「御《み》真《ま》木《き》入日《いりび》子《こ》印恵命《いにえのみこと》（崇神天皇）、師木《しき》の水垣《みずがき》宮に坐して、天下治《しらしめ》しき」と記載されているが、銘文にはヲワケが「獲加多支鹵」の大王の寺（政府施設）が斯鬼宮に在る時、吾、「左治天下」とみえる。『古事記』と銘文を比較すれば、同一の統治意識がすでに存在していたことがわかる。

(4)の妃や子どもについては、少なくとも系譜が存在していたら、記載はあったものと推測することができる。すでに子どもの名称とともに、王位継承に関係する伝承が帝紀に含まれていたことが指摘されている（粕谷興紀「大草香皇子事件の虚と実」）。帝紀が続柄を俎上にのせていたからこそ、争いが起こった際などの王位継承について、その伝承が載せられていたのではないだろうか。

総じていえば、このように五世紀後半に、後の帝紀に発展する「原帝紀」が存在していた可能性が大きくなり、原帝紀に王位継承に関係する記載があることが推測できるようになった。ここでいう原帝紀とは、帝紀の元にあたる史料で、文字化されていたかどうかは別の問題である(原旧辞も同じ)。しかし少なくとも五世紀後半には、すでに天皇系譜に対する意識が存在し、後代につながる統治意識が生まれていたのである。この考え方からいえば、津田・井上説のように、帝紀・旧辞の成立が六世紀前半の欽明朝を待つ、ということにはならない。

付言すれば、このオホヒコは「記・紀」において、「はつくにしらすスメラミコト」とされる「崇神天皇」の時代に活躍した人物である。つまり、ヲワケの系譜は、ヤマト王権の「初代の王」と関連づけて伝承されていたことになる(後述、八二頁)。

崇神天皇の実在性

初代のヤマト王権の王は、すでに述べたように、崇神天皇である。また、実在した可能性がある最初の天皇としても、崇神があげられてきた。ところが、この崇神が実際に王位に就き、実在したことを証明する直接の史料はない。中国との外交は、三世紀の邪馬台国以降、五世紀の倭の五王の時代までは交流が途絶えていた。『魏志』『宋書』のような同時代的史料は、存在しないのである。

『古事記』によれば、崇神の没年干支は「戊《ぼ》寅《いん》年」で、西暦二五八年とされる。しかし、この没年干支が、正確な紀年であるという保証はない。残念ながら、今のところヤマト王権の成立時期を現わす確実な証拠はないのである。

そのため、文献史料を離れ、考古学的資料から推測せざるをえない。つまり、崇神天皇陵から推測する方法である。

図2-2　行燈山古墳

今日、宮内庁からは、崇神陵古墳として、奈良盆地南部の柳本《やなぎもと》古墳群の行燈山《あんどんやま》古墳が比定されている（図2-2）。古墳の被葬者については疑問を呈する研究者もいるが、巨大な前方後円墳は王陵（天皇陵）と判断してまちがいなく、この比定は、ほぼ事実であろうと思われる。墳丘の長さは二四二メートル、周濠を含めると約三六〇メートルという大きな前方後円墳である。その築造年代は、四世紀前半といわれる。古墳の築造が生前に行なわれたのか（寿陵《じゅりょう》）、没後であったのかは考古学的に決めがたいが、『書紀』の仁徳紀における天皇陵の造成記事をみると、寿陵の可能性がある。いずれにせよ、行燈山古墳の築造年代から考えると、ヤマト王権は四世紀前半ころには成立していたことになる。

なお、崇神が、国内でどのような国王称号を使用していたかも不明である。中国正史における『魏志』から『宋書』までの倭国記事では、「倭王」ないし「倭国王」であり、「王」を名のっていたことはまちがいなかろう。

前方後円墳とヤマト王権論

ところで、考古学では定型的な企画で築造された前方後円墳の成立をもって、ヤマト王権の成立を説く研究者が少なくない。首長権の継承を含めた、宗教的な祭祀を伴った葬制儀礼のネットワークに加わることで、ヤマト王権の成立を見るという考え方である。こうした一部の考古学の学説には、必ずしも理論的な根拠が示されておらず、疑問である。

そもそも「王権」とは何であろうか。列島における国家成立以前の政治的社会の分析には、学術的には「王権」ないし「政権」の用語を用いる。「王権」というからには、統治権者たる王の所在地をはじめ、権力構造・統治内容が問題になる。ここでは、当時の政治意識をふまえて、考えてみたい。

『古事記』では、神武天皇が「何地《いづれのところ》に坐さば、天下の政《まつりごと》平けく聞《きこ》し看《め》さむ」と問いかけ、政治を執行する場所を探す。そして各天皇は、たとえば崇神天皇が「御真木入日子印恵命、師木の水垣宮に坐して、天下治しき」というように、王宮(師木水垣宮)の所在地を明確にしたうえで、天下を治めたと記される。このように、権力の行使は王が居住している王宮から発せられることは明らかであり、少なくとも王権論は王宮の位置を意識して組み立てねばならない。

逆に、王墓である前方後円墳の所在地から王権論を立てるには、その理論的根拠を明示しなければならない。考古学には前方後円墳の築造場所を王権の所在地とする説もあるが、王墓は何よりも王の遺体が葬られる場である。王の埋葬場所から、その王ないし次期の王権の政治的センターを導きだすには、どのような理由付けが可能なのか、いまだ具体的根拠は提示されていない。つまり、古墳の立地からヤマト王権を論じることは不可能なのであり、『古事記』の記述に表われる当時の政治的意識からしても、王宮の所在地をふまえた王権論を立てる見地が妥当である。

現在、もっとも古い前方後円墳とされているのは、行燈山古墳(崇神陵)の南方にある箸墓《はしはか》古墳である。考古学においても研究者によって若干の差異があるが、三世紀中葉から後半の築造である。つまり行燈山古墳は、最古級の箸墓古墳が築造されてから、数十年を経過してから造られたことになる。この間にも前方後円墳は各地で築造されているが、前方後円墳の形成時期とヤマト王権の成立期とには、時間的なずれがある。それにもかかわらず、崇神の王墓は、前方後円墳の築造という方式を継承して構築された。

それでは、ヤマト王権の王墓形式が前方後円墳であることは、どのように理解したらいいのだろうか。従来の古墳研究の成果によれば、同じ墳型の採用は、同一の儀礼を伴う葬制の継承を意味する。儀礼では、首長権の継承儀礼が付随するとされるので、王墓形式を同じにすることは、政治文化の共有を表明することになる。つまり各地で前方後円墳が同時期に造られたことは、各地域の政治勢力が、共通する政治的ネットワークで結合していることを表わしている。

このことからわかるようにヤマト王権は、前代の王ないし王権との間で、部分的な共通性・継承性をもちながら、成立したのである。すでに述べてきたように、倭国としての統合過程で、地域的特色をもつ弥生墳丘墓から、定型的な企画で前方後円墳が構築された。その発展のうえに、ヤマト王権が成立したことになる。その背景について、もう少し詳しく説明することにしたい。

倭国統合のプロセスとヤマト王権

各地で、地域的特色をもちながら弥生墳丘墓が築造されるという墓制の歴史を前提にして、最終的に前方後円墳が奈良盆地を中心とする近畿地方で誕生した。ここで注目したいのは、前方後円墳を構成する諸要素が、近畿地域の弥生墓制を基にした発展型ではなかったという歴史的事実である。言葉をかえれば、前方後円墳には近畿地方を起源とする要素はほとんどなく、列島各地における弥生墳丘墓の総合化という性格をもっていたということである。墳丘の形態などの可視的部分でいえば、ほとんどが近畿以外の外部的要素から造られていたという(北條芳隆「前方後円墳と倭王権」)。

具体的にいえば、吉備で発達した特殊器台と特殊壺という土器を古墳の周囲にめぐらせるなど、東瀬戸内の影響や、ほかにも山陰や北九州などの影響を受けて造られていた。倭国という諸国が統合されていくネットワークのなかで、各地域の墓制の影響を受け、最終的には前方後円墳という形を有して形成されたのである。

このように、前方後円墳体制は倭国統合の象徴であり、統合された倭国の最終的な到達点であった。したがって、前方後円墳体制の形成は、何よりも倭国の統合プロセスのなかに位置づけられるべき問題であり、ヤマト王権の成立問題とは、原理的に離して考える必要がある。ヤマト王権の問題は、『古事記』『日本書紀』の世界観の問題であり、これまで述べてきたように「はつくにしらすスメラミコト」の問題から理解すべきであろう。時系列でいえば、前方後円墳体制を前提にして、そこからさらに発展した政治形態としてヤマト王権が形づくられたということになる。

これまで述べてきた日本列島の政治的統合のプロセスを、時系列で位置づけると、

(1)倭国としての統合の展開（二世紀末から三世紀初頭）
(2)近畿地方を中心とする定型的企画をもつ前方後円墳秩序の形成（三世紀中葉〜後半）
(3)ヤマト王権の成立（四世紀前半）

という三段階を設定し、考察するのが妥当だろう。

私は、ヤマト王権が(2)段階を前提として生まれたことを重視し、この歴史的ステージを「プレ・ヤマト王権」と評価することにしたい。このように、ヤマト王権の成立にあたっては、そ

れ以前に、すでに前方後円墳を築造する政治的秩序が形成されており、それを継承していることは重要な問題だと考える。言葉をかえていえば、初代の天皇陵である崇神陵古墳は、それ以前から造られていた前方後円墳を継承して築造されている。必ずしも古墳の歴史における画期とはなっていないのである。

このように、倭国へと統合するプロセスのなかで前方後円墳による政治的秩序を捉え、さらに発展した形態として、列島史におけるヤマト王権の成立を考えるということになる。このヤマト王権は、最終的には律令制国家として結実するが、その初代の王として崇神天皇が位置づけられているのである。

2　初期のヤマト王権

ヤマト王権と邪馬台国・卑弥呼

ヤマト王権の誕生は四世紀前半と想定されるので、三世紀半ばの邪馬台国とヤマト王権との直接的関係はないことになる。

しかし、『日本書紀』の編者は、「魏志倭人伝」の記事を読んでおり、卑弥呼のことは知っていた。神功《じんぐう》摂政三九年条に「倭女王《わのじょおう》」の注記があり、卑弥呼を神功皇后にあてている。「魏志倭人伝」にみられる邪馬台国の時期を神功紀に比定したのである。ところが、神功皇后は第一四代仲哀《ちゅうあい》天皇の「皇后」であって「倭王」ではない。しかも、倭人伝に「夫《ふ》婿《せい》なし」と書かれた卑弥呼は独身であり、子どもがいる神功皇后とはまったく合致しない。境遇が異なるのである。さらに、「魏志倭人伝」にみられる倭国の対外交渉の相手は魏であるが、神功皇后紀の対外交流の主対象は朝鮮半島の新羅・百済《くだら》・高句麗である。

このように、『書紀』編者は「魏志倭人伝」を通じて卑弥呼の知識をもっていた。しかし、『書紀』の古い時期の天皇は男性であり、女性はいない。そのため、卑弥呼を神功皇后に比定せざるをえなかった。このように無理に比定したので、卑弥呼の境遇とは大きく乖離してしまった。その理由としては、ヤマト王権にまつわる伝承に卑弥呼が含まれていなかったから、と考えることが妥当であろう。

ところで、考古学では卑弥呼の墓を、最古級の前方後円墳である箸墓古墳にあてる説も少なくない。しかし、現在の知見では、直径が百余歩(約一四四メートル)の卑弥呼の墓と、当初から前方後円墳として造営された全長二七八メートルの箸墓古墳とは規模が違う。また、卑弥呼を箸墓古墳の被葬者とし、前方後円墳の形成によってヤマト王権の成立を考える立場をとれば、ヤマト王権の初代の王は卑弥呼となる。ところが、ヤマト王権の初代の王が女性という伝承はまったくなく、こうしたヤマト王権の歴史は受け入れることができない。

すでに述べたように、邪馬台国は、奈良盆地東南部にあたる、桜井市の纏向遺跡が有力な候

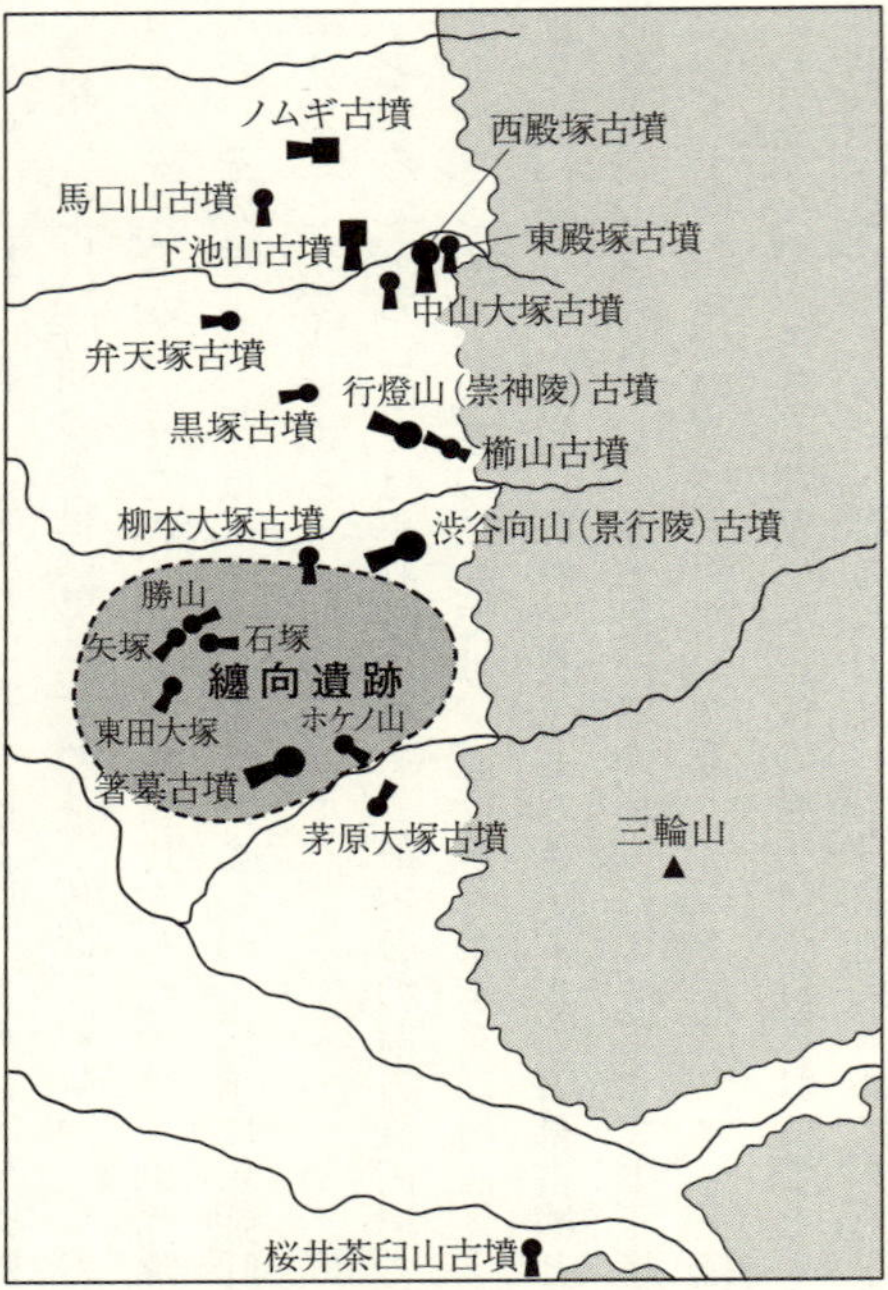

図2–3　纒向遺跡周辺地図(石川日出志『農耕社会の成立』より，一部改変)

補地の一つである。この地域には、「纒向型前方後円墳」(基本的には弥生墳丘墓の発展型)や、箸墓古墳が存在している(図2–3、4)。現在のところ、倭国統合の中心的地域として、妥当な場所である。

三世紀に最盛期を迎えた纒向遺跡は、四世紀前半(考古学における土器の編年では、布留《ふる》1式期)になると、遺構の数が極端に減少する(桜井市文化財協会「ヤマト王権はいかにして始まったか」)。そのため、ヤマト王権の発祥地としてはふさわしくない。「記・紀」の伝承によれば、初代の崇神天皇の王宮は磯《し》城《き》瑞籬《みずがき》宮(師木水垣宮)となっており、纒向地域とは異なっている(ただし、考古学の調査ではまだ見つかっていない)。こうした見地からみても、ヤマト王権と邪馬台国とは直接的な関係はなかった、といわねばならない。

崇神紀の伝承

『日本書紀』は初代の王を崇神天皇としたが、それと関連するかたちで、崇神紀には興味深い記事が多くみられる。たとえば、最古級の前方後円墳である箸墓古墳の記述が崇神紀にあることは、ヤマト王権の墓制が前方後円墳であることを示唆している。『書紀』崇神一〇年九月条には、大物主神《おおものぬしのかみ》の妻となった倭迹《やまとと》迹《と》日《ひ》百襲《ももそ》姫《ひめ》が、大物主神の姿（小蛇）を見たことを後悔して、箸で陰部を突いて死んでしまい、墓（箸墓）が造られたことが書かれている。

是の墓は、日《ひる》は人作り、夜は神作る。故、大坂山の石を運びて造る。則ち山より墓に至るまでに、人民相踵《あひつ》ぎて、手逓伝《たごし》にして運ぶ。

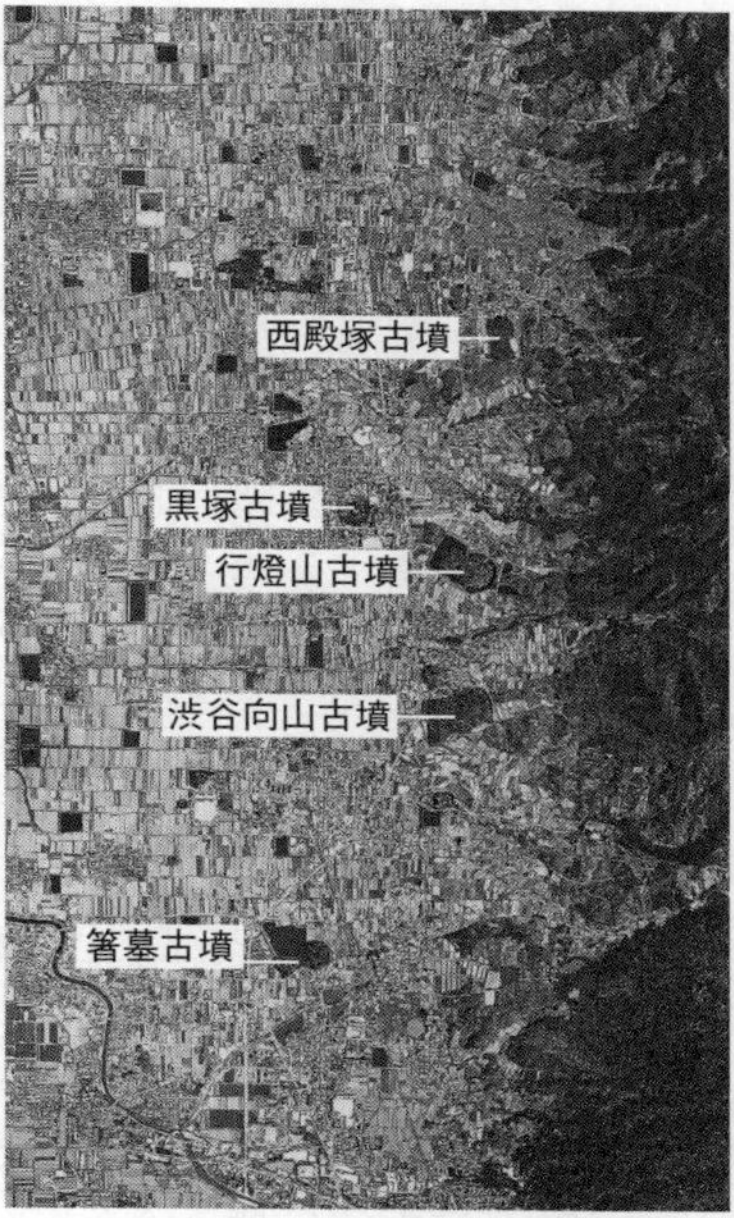

図 2-4　空から見た奈良盆地東南部

この箸墓の起源譚が正しい

かどうかはともかく、もっとも古い前方後円墳とされる箸墓古墳の起源が、崇神紀に記載されていることは注目されていい。偶然の一致かもしれないが、「はつくにしらすスメラミコト」の崇神紀に記載されている記述の重みは否定しがたい。

ヤマト王権が、前方後円墳という古墳祭祀を継承した王権であるならば、その古墳起源譚を、ほかならぬ崇神紀に記載する必要があったことは十分に想定できるだろう。つまり、箸墓の起源伝承は、ヤマト王権の伝承のなかで無視できないものであった。箸墓古墳が、最古級の古墳と認識されていたかどうかは不明であるが、初期のヤマト王権のアイデンティティのなかに、前方後円墳の築造が含まれていた。そのため、前方後円墳の起源伝承は、ヤマト王権の始祖である崇神天皇に関連づけざるをえなかったのではなかろうか。

こうした見地から崇神紀を見直せば、おもしろい記事にあふれている。『日本書紀』の記述には、四道将軍が全国的な征討活動を行なったこと以外に、「始めて人民を校《かむが》へて、また調役を科《おほ》す」(崇神一二年九月条)という戸口調査と調役(別の箇所に「課役《かやく》」)の記述がある。人民支配と課税制度は国家的統治に必要な行為であり、王権支配に不可欠な要素として配置されている。四道将軍の派遣は支配地域の拡大であり、統治の前提となる征服物語であろう。

また、『書紀』には「任那国《みまな》」の朝貢記事がある。蕃国である任那支配は、「宇内を御す天皇」にとって必須の行為である。「初代の天皇」にとっては、欠かせぬ支配要素であり、記事が潤色されたのであろう。しかしながら、四世紀前半の実際の統治範囲は大和《やまと》を中心とした近畿地方の一部であり、まちがいなく列島の国の範囲をでない。そのため、崇神天皇の表記には「国」の字をいれて「御肇国天皇」と記載したのであった。しかし、天皇としての蕃国支配を観念的に創出するため、『書紀』では「任那国朝貢」の記事が設けられたのであった。このことは『古事記』には記載されておらず、歴史的事実としてもありえなかった。天皇統治の理念的必要から、「任那国朝貢」の記述が造作されたのである。このように崇神紀には、古代天皇の国家的支配に関連する諸要素が、多く記述されることになった。

歴代遷宮　次に、崇神天皇から始まる初期ヤマト王権の王宮・王墓の問題から王権について考察を加えてみる。参考までに、五世紀代の雄略天皇までの王宮・王墓の所在地を記す（表2-2）。

最初に、「宮」の意味から考察を始めたい。宮とは、建造物の「や（屋・家）」に、尊敬を現す「み（御）」が形容されたもので、王・天皇や妃・王子が居住する建物の「宮」を意味する。この宮が設置された場「こ（ところ。処）」が、都（宮処）である。「こ」は、「ここ、そこ」という場所の意味を表わす「こ」と同じ。つまり、都とは宮のある場所であり、古代では天皇が居住する所在地となる。

こうした宮の最古級の史料は、先述の稲荷山古墳出土の金錯銘鉄剣で、ワカタケル＝雄略天

表 2-2　初期ヤマト王権の王宮と王墓

	王宮		王墓
	『古事記』	『日本書紀』	『古事記』
10 崇神	師木　水垣宮	磯城　瑞籬宮	山辺道　勾之岡上
11 垂仁	師木　玉垣宮	纏向　珠城宮	菅原　御立野
12 景行	纏向　日代宮	纏向　日代宮	山辺道上
13 成務	志賀　高穴穂宮		沙紀　多他那美
14 仲哀	穴門　豊浦宮	穴門　豊浦宮	河内　恵賀之長江
	筑紫　訶志比宮	橿日宮	
（神功）		磐余　若桜宮	狭城　楯列陵
15 応神	軽島　明宮	明宮	川内　恵賀之裳伏岡
16 仁徳	難波　高津宮	難波　高津宮	毛受　耳原
17 履中	伊波礼　若桜宮	磐余　稚桜宮	毛受
18 反正	多治比　柴垣宮	丹比　柴籬宮	毛受野
19 允恭	遠飛鳥宮		河内　恵賀長枝
20 安康	石上　穴穂宮	石上　穴穂宮	菅原　伏見岡
21 雄略	長谷　朝倉宮	泊瀬　朝倉宮	河内　多治比高鸇

皇の王宮を「斯鬼宮」としている（四三頁）。斯鬼宮に関連する遺跡は、まだ発見されていないが、威容を示す可視的構造物から構成されていただろう。

この金錯銘鉄剣にあるように、五世紀後半にはすでに王宮で天下を治めるという政治的意識が存在していた。日本古代は共同体の政治的意思が、首長に体現される首長制社会であり、首長たる王の意思が決定的に重要であった。したがって、王が居住する王宮が政治的センターであることは、あらためて説明するまでもない。

さて、表にもどると、第一〇代の崇神の王宮は師木水垣宮。続く第一一代垂仁は師木玉垣《たまかき》宮（『書紀』は纏向）、第一二代景行《けいこう》は纏向日代《ひしろ》宮とある。このように王宮は師木(磯城)・纏向などの奈良盆地東南部にあり、後の大和国磯城郡を中心とした地域となる。しかし、同一の場所ではない。後の平城宮のように、天皇が替わっても同じ宮に住むことはなく、代が替わるごとに別の場所に王宮が営まれていた。これを「歴代遷宮《せんぐう》」という。ただし、必ずしも一代の王に一宮とはかぎらない。五世紀の雄略天皇の場合、金錯銘鉄剣には「斯鬼宮」とあるが、「記・紀」には「長谷(泊瀬)朝倉宮」とあり、複数存在した可能性がある。『日本霊異記《りょういき》』には、「泊瀬《はつせ》朝倉宮」と「磐余《いわれ》宮」という二つの宮が別々に書かれており、その可能性を傍証する。

ところで、歴代遷宮はなぜ行なわれたのであろうか、言葉を換えれば、どうして同じ場所に王宮が営まれなかったのであろうか。結論的にいえば、ヤマト王権は特定地域を政治的・経済的基盤にするような王権ではなかったため、必要な所に自由に王宮を造ることができたからである。ところが、特定地域を基盤にしないという見解は、一般になかなか理解してもらえない。最近では少なくなったが、教科書などに図２-５にあるような「大王家」の居住地を記入した豪族分布図が掲載されていたからである。

図を見れば、王家が本拠とする居住地は、三輪山の周辺に展開している。もしこうした本拠地が歴史的事実を示すのであれば、歴代遷宮は起こらないであろう。歴代遷宮という歴史的事象は、ヤマト王権の構造と密接な関係がある。ヤマト王権の首長は特定地域を代表するのではなく、王権を構成する氏族集団を統合する代表者として存在しているのである。したがって、特定地域に固執することはなく、王権にとって必要と思われる場所に王宮を立地させることができた。

歴代遷宮の理由として、これまでいくつかの学説が提起されている。舘野《たての》和己が整理した論点を示すと、①父子別居による慣習（王子宮の王宮化を含む）、②宮殿建築の耐用年限性の問題、③天皇崩御による死の穢《けが》れ、④各時期の政治的課題の解決、⑤地理的、経済的な理由、⑥新天皇即位の慣行となるが、②・③・④・⑤は理由にならないという。したがって、①と⑥説を中心に考えていくことになる（「天武天皇の都城構想」）。

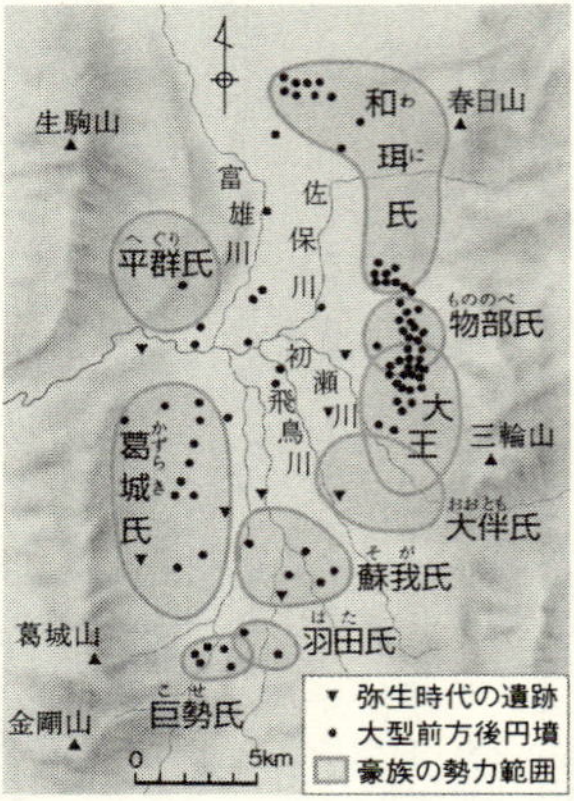

図 2–5　近畿地域豪族分布図（『詳説日本史図録』第 2 版）
三輪山の西麓に「大王」と記載されているが，特定の個別的地域を拠点としていたかには疑問がある．

即位について付言すれば、七世紀半ばの大化改新時に、皇極天皇が孝徳天皇へ譲位する以前における王位継承は、前帝が没すると、群臣の推挙によって新帝を決め、さらに新帝が新たに群臣を選定するシステムであった（第四章）。こうした新帝の即位プロセスからみれば、群臣の意向によって新しい王宮の所在地が選ばれることもあるだろう。たとえば、七世紀代に飛鳥《あすか》地方に宮が集中するのは、蘇我《そが》氏との関係が無視できない。
舘野和己は、こうした新帝即位の事情も配慮して、新天皇の誕生による新たな居住地（王宮）の選定が歴代遷宮の理由であるとする。

『日本書紀』の天皇物語

崇神以降、垂仁・景行の三代にわたり磯城・纏向に王宮が存在したことは、初代の王が統治する範囲がそれほど広範囲でなかったことを示唆している。『日本書紀』垂仁紀には狭穂彦《さほびこ》の反乱伝承があるが、狭穂は奈良盆地北部の佐保の地名に基づいているので、北部勢力との戦いが反映していると考えられる。こうした歴史的動向を配慮すれば、奈良盆地の統治でさえも、当時は必ずしも政治的に安定していなかったかもしれない。初期ヤマト王権が直接的に統治できた範囲は、奈良盆地内の大和国地域を中心とせざるをえないだろう。

次の景行紀の記事には、景行天皇と日本武尊（ヤマトタケル）の征討の話がある。『書紀』では景行天皇の行動が表に出てくるが、『古事記』では王族将軍のヤマトタケル（倭建命《やまとたける》）が主人公である。『書紀』のストーリーでは、ヤマト王権が九州・本州の東西方面に征服活動を展開する（東北地方の北部以北を除く）。その結果、次の成務紀になると各地に国造《くにのみやつこ》と県稲置《こおりのいなぎ》を設置し、地域行政を施行する記述になる。さらに次の仲哀紀には、朝貢しない熊襲《くまそ》（九州南部の王の意向に従わない集団）への征討活動もある。このように、『書紀』の物語は列島統治のプロセスにそって書かれている。歴史的順序としては、必ずしも奇想天外のものではない。しかし、けっして歴史的事実を記録したものではなく、『書紀』が編纂物であるという性格をはっきり認識する必要がある。

ところで、『書紀』が記す第一三代成務天皇と第一四代仲哀天皇に関しては、その後世的な和風諡号のあり方から実在性が疑われている。成務は「ワカタラシヒコ」、仲哀は「タラシナカツヒコ」である。後の天皇の和風諡号と比較すれば、第三四代舒明《じょめい》天皇（オキナガタラシヒロヌカ）と第三五代皇極天皇（重祚して斉明。アメトヨタカライカシヒタラシヒメ）という七世紀の天皇と同じ「タラシヒコ」の言葉がある。これを除くと、成務が「ワカ」、仲哀が「ナカ」の言葉しか残らず、四世紀の天皇の名前としてはふさわしくない。少なくとも名前からみると、実在した天皇とは考えられない。

「はじめに」で記したように成務は国造と県稲置を制定したという伝承をもつ。しかし、五世紀後半の武《ぶ》（第二一代雄略天皇）の上表文（『宋書』倭国伝）には、「東は毛人《もうじん》を征すること五十五国、西は衆夷《しゅうい》を服すること六十六国」という征服活動しか記述されていない。成務が実在したと仮定すれば四世紀であるが、征服活動より前に制度がしかれることはありえず、雄略以前に国造と県稲置が置かれたとは歴史的事実として認めがたい。『書紀』における列島支配の物語の展開上、必要になった記述としか考えられないであろう。

なお、王宮は磯城・纏向という奈良盆地の東南部に位置するが、王墓の設置場所は、「記・紀」によると第一〇代崇神が山辺道勾之岡上《やまのへのみちのまがりのおかのへ》陵、第一一代垂仁が菅原伏見陵（『書紀』は菅原伏見陵）、第一二代景行が山辺道上《やまのへのみちのへ》陵である（五八頁、表２－２）。王墓の場合は、奈良盆地の南（山辺道）と北（菅原）とに築造されていることがわかる。

３　「謎の四世紀」

東アジアからみた倭国

最後に、ヤマト王権が成立した時期の東アジアの動向について振り返ってみたい。

中国においては魏・呉・蜀の三国時代が崩壊したあと、北部では魏から禅譲された晋《しん》（西晋）が建国した（二六五～三一六年）。しかしその後は、五胡《こ》十六国と呼ばれる分裂時代が到来する。朝鮮半島（韓半島）では、北方の高句麗が勢力を伸ばし、楽浪郡・帯方郡等の中国が設置した行政組織を崩壊させる。南部では韓族の馬韓・辰韓・弁辰（弁韓）の三韓に分かれ、それぞれ小さい国を支配していた。

一般的にいえば、中国で強大な帝国が建設されると、周辺諸国への影響・圧力が強まり、各国では国家的統一や権力構造の集中が進むようになる。その一方、中国で諸勢力が並立、分裂の時代を迎えると、周辺諸国への影響力が弱くなり、各国においても統一した権力国家が出現しなくなる傾向がある。

そのため、三世紀の邪馬台国、五世紀の倭の五王時代とは異なり、分裂時代であった四世紀については、倭の記述も中国正史には現われない。このため、この時代は「謎の四世紀」とも呼ばれている。

朝鮮半島の文献史料としては、『三国史記』『三国遺事《いじ》』がある。『三国史記』は紀伝体の歴史書で、朝鮮史料のほか中国正史も引用しているが、編纂の時期がはるか後世の一一四五年。また、後者の『三国遺事』には歴史と仏教説話が載せられているが、この書物も一三世紀末の成立である。日本の時代でいえば、いわば中世に編纂された史料ということになり、『日本書紀』と同じように、厳密な史料批判が必要となる。

ところで、『日本書紀』は編纂時に百済系の史料も利用している。おそらく白村江《はくそんこう》の戦いで敗北して日本列島に渡来して来た百済系の知識人が、『書紀』を編纂する担当部署に提出した史料と思われる。この百済系史料には三種類があり、巻数によって引用する史料が異なっている。神功皇后紀や応神・雄略紀には「百済記」、雄略・武烈《ぶれつ》紀には「百済新撰」、継体《けいたい》紀以降は「百済本記」を引用している。これらは失われた文書なので、記事の信憑性については、史料批判を加えつつ、歴史の一こま一こまを復元していくことになる。

石上神宮所蔵の七支刀

中国との直接交渉が途絶えた四世紀にも、朝鮮半島との交流は続いていた。交流の一部を示す史料に、奈良県の石上《いそのかみ》神宮に伝わる七支刀《しちしとう》(図2-6)に象嵌された銘文がある。この文字史料は解釈が難しいが、四世紀後半の日本列島と朝鮮半島との交流を伝える貴重な史料である。

泰□四年□月十六日丙午正陽造百練銕七支刀□辟百兵宜復供矦□□□□作
先世以来未有此刀百滋□世世奇生聖音故為倭王旨造傳示後世

この銘文は、冒頭にある「泰□四年□月十六日」の年号が必ずしも明白ではない。これまで「泰和」「泰始」「泰初」かといわれているが、写真からは必ずしも読みとれない(村山正雄編著『石上神宮 七支刀銘文図録』)。有力な読み方として、「泰和」と釈読することが多い。「泰和」の「泰」字の音が「太」と相通じて用いられるので、「太和」と理解し、中国・東晋《とうしん》の年号「太和《たいわ》四年」(三六九年)とする。おそらくまちがいではなかろうが、史料自体からは明確にできない。

ところで、この「七支刀」は、『日本書紀』神功皇后紀五二年条に記されている、百済から献上された「七枝刀一口、七子鏡一面」の「七枝刀」である可能性が強い。この神功紀の記事は『書紀』編纂にあたり、「百済記」を元にして作られている。これら一連の記事には、百済がヤマト王権に朝貢する起源が説かれているが、必ずしも歴史的事実を伝えたものではないことには留意を要する。

しかし、神功紀の百済系記事は、二運一二〇年（一運は六〇年）を下げて解釈すると史実と整合するが、この史料操作が正

図2-6　七支刀（奈良県石上神宮）

しければ、神功紀五二年は三七二年になる。七支刀が東晋の太和四年に製作されたとすると、結果的に時期は矛盾しない。『書紀』は百済を朝貢国として扱っているので、そうした観点から潤色された記述もある。ただし、この場合は百済から倭王に献じられた刀と理解して、誤りはないだろう。

この銘文で問題になるのは、後半の「為倭王旨造傳示後世」の解釈である。「倭王の旨」と読んで、四世紀に倭王である「旨」が存在したとする説もある。しかしながら、この箇所は「倭王の為に旨造し後世に伝示す」というように読む方がいいと思われる。「旨造」の読みが難しいが、村山正雄は「旨（美。うま）く造り」と読み、中国史研究者の宮崎市定は「旨（嘗。はじ）めて造り」とする（『謎の七支刀』）。いずれにせよ「旨造」の言葉であり、倭国王の名前にはならない。したがって、「倭王の旨」の解釈は無理だろう。

第三章　東夷の小帝国と倭の五王

1 朝鮮半島へのまなざし

広開土王碑文

高句麗《こうくり》第一九代の広開土王《こうかいどおう》(生存中の尊号は永楽太王《えいらくたいおう》。諡号《しごう》から好太王《こうたいおう》とも呼ぶ)の勲績を記した碑文が、四一四年、首都の国内城(現在は中国吉林省《きつりん》集安市《しゅうあん》)に建てられた(図3-1)。この時代を知る同時代の史料である。この碑文は、かつて日本の陸軍参謀本部の中尉である酒匂景信《さこうかげあき》によって拓本が日本に持ち込まれたので、碑文の解釈に参謀本部の意向が含められたかどうかをめぐって、論争が行なわれた。結論的にいえば、文字の改竄《かいざん》はなく、その影響はほとんどなかったといってよい。

ただし、碑は風雪によって劣化しており、碑文の正確な釈読は難しい。碑文の拓本のなかでは、原石拓本が価値ある史料である。日本の武田幸男と中国の徐建新《じょけんしん》らによる原石拓本の研究によって、碑文の釈読がかなり明確になってきた。しかし、まだ全貌解明には至っていない。

この碑文は広開土王の勲績を讃える頌徳碑《しょうとくひ》であり、三つの内容が記載されている。最初に、始祖伝承から始まる広開土王の功徳と立碑の目的を書き(第一段)、次に編年体で広開土王の具体的戦績を記し(第二段)、最後に墓の守護と広開土王の遺訓を示す(第三段)。第二段の戦績を記した碑文のうち、永楽六(三九六)年・九年・一〇年・一四年条に倭の記述がみえる。

碑文からみたヤマト王権と高句麗

ヤマト王権と朝鮮半島(韓半島)諸国とのもっとも象徴的な記事が、永楽六年条である。ここには広開土王が自ら百済に赴き、征服活動を行なった理由が、前置き文として記述されている。その語句は「倭以辛卯年来渡□破百残□□新羅以為臣民」であるが、□の三文字が釈読不可能。この語句の前の文章に、それまでの高句麗と百済・新羅との外交関係は、「百残《ひゃくざん》(百済の蔑称)・新羅、旧《もと》是れ(高句麗の)属民にして、由来朝貢せり」と書かれている。高句麗は百済・新羅両国を支配してはいたものの、関係は良好であった。ところが、問題となる前置き文でその関係が壊れたことがわかる。

図 3–1　広開土王碑

前置き文の内容を検討すると、この文章は文法的にも、倭が辛卯《しんぼう》年(三九一)に渡海して、百済を破り、おそらく百済と新羅の民を「臣民」にした、というものであろう。そのため広開土王が百済を征討し、百済と倭の関係を壊し、元の関係に戻したのである。つまり百済は、高句麗と旧来の属民関係になったと思われる。

永楽九年条には「百残は誓いに違《そむ》き、倭と和通せり」とあり、百済はふたたび高句麗を裏切り、倭との関係を復活した。なお、百済と倭との関係は、『三国史記』百済本紀の阿莘《あしん》王六(三九七)年条に「王、倭国と好《よしみ》を結ぶ。太子腆支《てんし》を以て質とす」とみえる。この条では、百済が太子を「人質」として提供したとあり、「好」の字があるものの従属的な外交姿勢をとったことがわかる。このように朝鮮側にも対応する史料があり、百済の倭国への従属的外交関係は否定することはできないだろう。新羅との同時代史料は存在しないが、倭国が百済・新羅を「臣民」にしたことは、まちがいなかろう。

なお、永楽六年条以外には、「倭人は其の(新羅の)国境に満ち、城池を潰破《かいは》し、奴客《どきゃく》を以て民と為せり」(九年条)、「(新羅の)男居城《だんきょじょう》より新羅城に至るまで、倭は其の中に満つ」(一〇年条)、「倭は不軌《ふき》にして、帯方の界に侵入し」(一四年条)というように、碑文の倭は、朝鮮半島への侵略に関連して記載されている。こうした記述の背景には、高句麗広開土王の領土拡大への勲績を過大評価する傾向が想定されるにせよ、倭の進出を否定することは不可能である。

さて、以上のようなヤマト王権の朝鮮半島進出は、日本列島の文明化と深く関わっている。古くは『魏志』弁辰《べんしん》条に「国は鉄を出し、韓・濊《わい》・倭皆従いて之《これ》を取る」とあるように、倭が朝鮮半島で手に入れようとしたのは、製品としては鉄製品であり、また六世紀の史料になると、各種の手工業技術者や高度な精神的文化をもつ知識人の受け入れであった。ヤマト王権にとって、朝鮮半島の文物や技術はきわめて重要であり、その安定的供給のために軍事的に進出していたのである。

高句麗の広開土王碑は、同時代史料である。一方、八世紀初頭に編纂された『日本書紀』で、ヤマト王権の朝鮮半島への軍事的進出を語るのが神功《じんぐう》皇后の物語である。最初に名前について、一言しておこう。神功皇后の名前は、「オキナガタラシヒメ」である。気長《おきながの》(息長)宿禰《すくね》王の娘であるが、名前からタラシという七世紀的な名称を除くと、オキナガヒメである。文字どおり「息長《おきなが》氏の姫」であるが、抽象的な名前であり、実在した人物とは思えない。

神功皇后と「胎中天皇」

加えて誤解のないように断っておきたいが、神功皇后の物語は四世紀末の半島進出の事実を記述したものではなく、またその伝承でもない。神功皇后の物語は史実ではないばかりか、後の推古・斉明・持統女帝との類似行為が多く、七世紀に成立したものだという(直木孝次郎「神功皇后伝説の成立」)。

確かに最終的成立は七世紀かとも思われるが、問題はむしろ、『日本書紀』が神功紀を配置した意図である。この物語には、朝鮮半島諸国を朝貢国として位置づけた、日本古代国家の政治的論理が貫かれている。神功皇后は、「記・紀」ともに、仲哀天皇の没後に新羅征討を企てたとする。自ら出征する親征で、神の加護によって新羅を降伏させたように記述されている。その後、『古事記』では百済が服属し(『書紀』では百済と高句麗が服属)、貢納国として半島に

「官家(ミヤケ)」を設置したという。ここには、朝鮮諸国を朝貢国として扱う『書紀』編纂の政治的論理の影響がみられる。

ここで注意したいのは、神功皇后の征討譚ではなく、この物語が意図する政治的主張である。神功皇后は出征時、産月にあたり、帰国後に筑紫で出産する。その子は、まさに神功皇后の腹のなかにいて(胎中(はらのうちにましますう))、新羅を征討した天皇として「胎中誉田天皇」「胎中之帝」(どちらも「ほむだのすめらみこと」のこと)(継体六年一二月条)と呼ばれることになる。これが応神天皇である。したがって、神功皇后より、むしろ問題は応神天皇である。

物語の本質は、応神天皇が生まれながらにして、新羅を含む三韓の国を朝貢国として位置づけたことにある。応神天皇が、蕃国《ばんこく》支配を含む「天下の王」として、生まれたことを意味するからである。また、虚構であるとはいえ、歴史的背景があったことに注意したい。広開土王碑文に、四世紀末、倭国が百済と新羅を「臣民」とした記述がみられるからである。こうした朝鮮半島への進出や、次節でとり扱う倭の五王の新羅・百済等に対する軍事的支配権の主張(『宋書』倭国伝)などが伝承として残り、神功皇后の物語を配置する動機になったのであろう。

2　宋の建国と倭の五王

中国では、南朝の宋が四二〇(永初元)年に建国した。その翌年、倭国王である倭讃《さん》(倭が姓で、讃が個人名)が、宋に使者を派遣した。中国への使者派遣は、東晋末期の四一三年以来になる。『宋書』倭国伝に、宋と外交関係を結んだ五人の倭国王、讃・珍《ちん》・済《せい》・興《こう》・武の外交交渉が記述されている。いわゆる「倭の五王」である(図3－2)。

宋とヤマト王権

この「倭国伝」には、讃の四二一(永初二)年から、最後の武が遣使した四七八(昇明二)年までの宋との国際交渉が書かれている。交渉にあたった倭国王には、どのような目的があったのだろうか。実は倭国王の意図は、自称した称号と、配下の役人に仮に授けた(仮授という)称号に端的に表われている。倭国王の自称称号と仮授称号とを、宋の皇帝から承認してもらうことが、その目的であった。

たとえば珍の場合、「使持節《しじせつ》、都督《ととく》倭・百済・新羅・任那・秦韓・慕韓六国諸軍事、安東《あんどう》大将軍、倭国王」を自称し、その称号への除正《じょせい》(任命)を要望

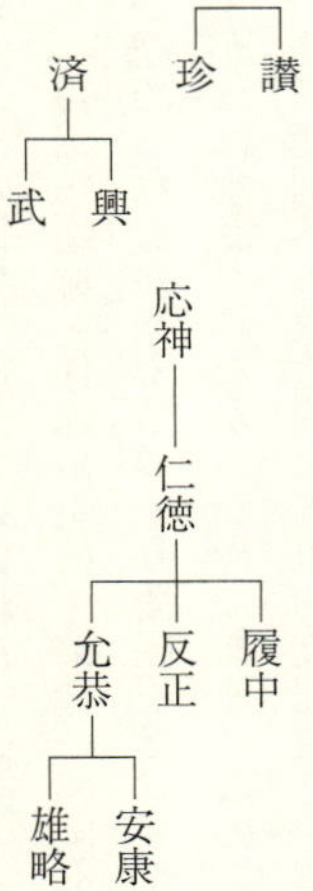

図 3-2（上）『宋書』倭国伝の系譜，（下）「記・紀」の系譜

した。その結果、珍は「安東将軍、倭国王」の称号を与えられた。「使持節、都督」以下にくる「百済・新羅・任那・秦韓・慕韓」の国名・地名が省かれ、「安東将軍、倭国王」の名称しか認められなかった。つまり倭国王珍は、百済以下の国々に対する軍事的支配権を主張したが、宋からは承認されなかったのである。このように、当時の倭国王が自称した称号から、倭国側の朝鮮諸国への政治的な軍事的支配観を理解することができる。

なお、中国皇帝が周辺国の王を任命することを「冊封《さくほう》」という。これは中国皇帝が、外国の国王を、冊書《さくしょ》(命令書)を用いて封ずること。倭国王は代替わりごとに、冊封を求めたのである。したがって、「倭国伝」の記事から、倭国王の代替わりごとの名前と系譜、そして統治期間などを知ることができる。宋側の視点からみれば、倭に冊封した実際の称号から、宋の現実的な朝鮮・倭国への対応策を知ることができる。『宋書』倭国伝を読み解くことによって、宋を中心とする五世紀の東アジア情勢を復元することが可能となる。

「安東将軍、倭国王」

五世紀の倭国は、宋に対して朝鮮半島の国家である百済・新羅・任那と、秦韓(辰韓)・慕韓(馬韓)に対する軍事的支配権を認めさせる「六国諸軍事、安東大将軍」の将軍号を要請していた(半島の五国と倭国を入れた六国)。これに対し、宋は讃・珍の時期には、倭国側の要求を認めなかった。

済の時代になって、ようやく百済を除いた「使持節、都督倭・新羅・任那・加羅《から》・秦韓・慕韓六国諸軍事、安東将軍、倭国王」の称号を認めるに至った。つまり、朝鮮半島南部の一定地域の軍事的支配権を承認したのである。百済は、宋とはすでに冊封関係にあり、百済への軍事的支配権は認めなかった。一方、新羅は宋と冊封関係がないため、認めたのであろう。こうした倭国王の半島南部に対する軍事的支配権の主張は、広開土王碑文に「臣民」と記述された、四世紀末の百済・新羅との政治的従属関係に基づいているだろう。なお、「加羅」は「伽耶《かや》・加耶・加卿」とも表記されるが、本書では『三国遺事』の表記である「伽耶」を使用する。

図3-3　朝鮮半島(5世紀前後)

伽耶は、小国として分立し、四世紀には伽耶諸国として存在するようになった。百済に統合された馬韓や、新羅に統合された辰韓と異なり、統一国家は形成されていない。韓国の研究者は「邑落国家《ゆうらく》」と位置づけるが、まだ国家の特徴は備えておらず、地域的な「国」の段階であろう。五世紀の後半になると、伽耶の政治勢力は二分し、南の金官《きんかん》伽耶と北の高霊《こうりょう》伽耶を中心とする大伽耶《おおかや》に分かれた。『宋書』倭国伝との関係では、金官伽耶の地域が「任那」、大伽耶の地域が「加羅」となる（図3―3）。

朝鮮半島の国々

以上のように、倭国は宋から「倭・新羅・任那・加羅・秦韓・慕韓」に対する軍事的支配権を承認された。『宋書』という中国書を史料としているために、倭国の五世紀の対外関係史に関する記述は中国中心になる傾向が強いが、朝鮮諸国との政治的関係も当然、たいへん重要なものであった。

それではここで、倭国の軍事的支配権が認められた「倭・新羅・任那・加羅・秦韓・慕韓」の国名をさらに詳しく見てみよう。「六国諸軍事、安東将軍、倭国王」とあることから、これらは特定の国名（ないし地域名）を指している。いうまでもなく倭・新羅は国名であり、問題は「任那・加羅・秦韓・慕韓」の四国である。倭国が要請した百済をはずし、倭国が要求しない「加羅」を加えて六国と数合わせをした政治的配慮からみれば、任那と加羅（伽耶）を同地域と見ることも不可能ではない。しかし、伽耶は必ずしも統一した国家ではないので、実態としては別の国名とみた方がいいだろう。この考え方でいけば、先述のように、任那は金官伽耶、加羅は大伽耶ということになる。

秦韓と慕韓については、これまで相反する見解がある。この両国を実態のある国と理解するか、しないかである。「秦韓」は辰韓のことで、後に新羅に統一される。また、「慕韓」は馬韓のことで、百済に統一される。この統合過程には時間を要するので、五世紀の時点で、秦韓は新羅、慕韓は百済に統一されていたとする考えと、まだ新羅領内に含まれない秦韓、百済領内ではない慕韓の国が存在していたとする考えとがある。倭国から申請し、宋が現実的に対応したことを考慮すると、両国名にはリアリティがあり、それぞれ存在していたと解釈することが、妥当ではなかろうか。

いずれにせよ、倭国王はこうした諸国への軍事的支配権を主張していたのである。

五世紀における倭国王

「倭国伝」によれば、倭国王は本人の称号だけの冊封を求めていない。ヤマト王権を構成するメンバーにも、倭国王が仮に任命した称号の承認を宋に要求していた。四三八(元嘉《げんか》一五)年には、倭隋《わずい》ら一三人に「平西《へいせい》・征虜《せいりょ》・冠軍《かんぐん》・輔国《ほこく》将軍号」を要請し、宋から認められた。王権メンバーを中国の官位秩序に組み込まなければならなかった事情は、ヤマト王権の権力構造が、まだ脆弱だったことを示唆している。少なくとも倭国王本人が冊封された権威だけで、自ら政権を安定させる状況は生み出せていなかった。

宋との外交交渉では、高句麗王が国名から「高」の名称をとり、自らの氏族の「姓」としていた。倭国王も、こうした姓の名付け方によって、倭国の「倭」を姓として名のった。個人名は、オホハツセノワカタケル（雄略天皇）が「武」を名のっていることから考えると、本名「タケル」の語意をとって、一字の漢字で表記したと思われる。『宋書』倭国伝においては、一人目の讃のみに「倭」姓を記述し、ほかの四人は省略して記述している。ちなみにヤマト王権の成立から今日の天皇家に至るまで、国王が「姓」名を使用するのは、五世紀だけである。五世紀には、中国との外交関係において姓を名のることが必要であった。

ところで「倭国伝」では、二人目の珍と三人目の済との間に、親族関係が何も記されていない。そのため、「讃・珍」と「済・興・武」とは氏族グループが異なり、国王を輩出する氏族集団がふたつ存在していたとする説もある。五世紀における二王家論である。しかしながら、『宋書』文帝紀に「安東将軍倭王倭済（倭王の倭済）」とあり、済も「倭」姓であったことがわかる。倭の五王は、五人とも倭姓を名のっていたのである。

こうした事実から、宋は倭の五王の一族を、倭姓を称する父系の氏族と認識していたことが判明する。したがって、少なくとも「倭国伝」から二王家論を主張することは不可能である。

なお、四三八（元嘉一五）年に「平西《へいせい》将軍」として冊封された倭隋は、「倭」姓の王族であろう。この時期には倭国王の兄弟ないし子弟にあたる王族将軍が存在し、倭隋は西日本地域（「平西」の「西」は、近畿地方から西方の地域を指す）の軍事指揮を指示されていたのであろうか。

また、四五一（元嘉二八）年には、二三人が「軍郡」に任命されている。文字どおり、軍と郡の字が正しければ、「軍」は将軍号、「郡」は地域行政名を意味しているだろう。将軍号は、平西将軍のような称号を意味する。「郡」の字が、帯方郡のような「郡」を意味するかどうかは疑問であるが、日本列島内でも何らかの地域的支配が行なわれていたかもしれない。

倭の五王とは誰か

最後に、倭の五王が「記・紀」に記載されたどの天皇にあたるのか、その比定について述べておきたい。すでに「武」が、雄略天皇(オホハツセノワカタケル)であることを指摘した。武のように、個人名は名前「タケル」の意味から作られたとすると、タヂヒノミヅハワケ(多治比に王宮を構えたミヅハワケ。反正《はんぜい》天皇)が「ミヅ」の意味から「珍」と呼称された可能性が強い。

このように「武」と「珍」は、個人名から「記・紀」の天皇と比定できる。ただし、それ以外の倭国王は、伝えられている王名から比定することは難しい。「倭国伝」と「記・紀」の系譜(三七頁、表2－1参照)を比較すると、「興」が安康《あんこう》天皇、「済」が允恭《いんぎょう》天皇の可能性があるが、アナホと「興」の字、ヲアサツマワクゴノスクネ(朝妻に王宮を構えたワクゴノスクネ)の「ワクゴ」と「済」の字の関係を説明することができない。「讃」は、オホエノイザホワケ(大江(地名)に王宮を構えたイザホワケ。履中《りちゅう》天皇)であろうか。

ところで、武(ワカタケル、雄略天皇)が宋に送った上表文が、『宋書』倭国伝に記載されている。上表文の語句には、『春秋左氏伝《しゅんじゅうさしでん》』『毛詩《もうし》』や『三国志』等にみえる語句と共通する文章があり、東夷の上表文としては格調の高い文章が綴られていた。そのため、「倭国伝」に紹介したものであろう。上表文には、「昔より祖禰《そでい》躬《みずか》ら甲冑《かっちゅう》を擐《つらぬ》き、山川を跋渉《ばっしょう》し、寧処《ねいしょ》に遑《いとま》あらず。東は毛人を征すること五十五国、西は衆夷を服すること六十六国。渡りて海北を平すること九十五国」とある。東の五五国と西の六六国を合わせると、一二一国になる。この数値は、ヤマト王権の支配下に入った国の数かと思われる。

それに対して、『隋書』倭国伝には、「軍尼（クニ）一百二十人あり、なお中国の牧宰のごとし。八十戸に一伊尼翼（イナギ）を置く、今の里長の如きなり。十伊尼翼は一軍尼に属す」とある。「軍尼」は「国」のことで、その首長の国造を指している。この時期には、上下関係が明白な行政組織は存在していなかったが、「一二〇」という国の数が注目される。『宋書』倭国伝とほぼ同じであるからだ。

また、『先代旧事本紀《せんだいくじほんぎ》』（九世紀半ばの編纂か）に記載された「国造本紀《こくぞうほんぎ》」の国造数は、一三五（この数値には、同じ国造の重複がある）である。「国造本紀」は独自史料を含んでいて、信憑性があると評価されている。つまり、七世紀前半には、全国で一二〇〜一三五程度の国造が存在していたと推測される。このことは、五世紀後半の国数一二〇とは必ずしも直結しないが、単なる偶然では片付かない問題である。

なお、倭国伝の武の上表文にみえる「海の北」は、朝鮮半島を意味する言い方。「渡りて海北を平すること九十五国」と記す「九十五国」は小国と想定されるが、実際に九十五国を征討したかどうかは不明といわざるをえない。

3　鉄剣銘文が語るワカタケル

五世紀の鉄剣銘と大刀銘

さて、五世紀の日本列島については、実状を知らせる同時代史料がある。まちがいなく日本列島で製作された、鉄剣・大刀に象嵌《ぞうがん》された銘文である（厳密にいえば、地金を象嵌して磨き出している「錯《さく》」）。いちばん古い文字史料は、千葉県市原市の稲荷台一号墳出土の王賜銘鉄剣で、五世紀の中葉前後と考えられている。表の銘文には「王賜□□敬□」、裏には「此廷□□……」とあり、ヤマト王権から東国の首長に下賜された鉄剣であることがわかる。当時、宋から「倭国王」と呼ばれており、国内においても同じ「王」を名のっていたことが判明する。つまり、対外的称号も国内称号も「王」であり、同一の称号で呼ばれていた。

その次は、埼玉県行田市の稲荷山古墳出土の金錯銘鉄剣（四四頁、図2-1）と、熊本県和水町《なごみ》の江田《えた》船山《ふなやま》古墳出土の銀錯銘大刀。それぞれ金銀を使った象嵌がされており、ともに「獲加多支鹵（ワカタケル）」の名前がある。雄略天皇のことである。

銀錯銘大刀の銘文は、以下のとおりである。

台《〔治〕》天下獲□□□鹵大王世、奉事典曹人名旡□弖、八月中、用大鐵釜、并四尺廷刀、八十練、□《〔九カ〕》十振、三寸上好□《〔刊カ〕》刀、服此刀者、長壽、子孫洋々、得□恩也、不失其所統、作刀者名伊太□《〔和カ〕》、書者張安也

天の下治らしめしし獲□□□鹵大王の世、典曹に奉事せし人、名は旡利弖《ムリテ》、八月中、大鉄釜を用い、四尺の廷刀を并わす。八十たび練り、九十たび振《う》つ。三寸上好の刊刀なり。此の刀を服する者は、長寿にして子孫洋々、□恩を得る也。其の統ぶる所を失わず。刀を作る者、名は伊太和、書する者は張安也。

これに対して金錯銘鉄剣には「辛亥《しんがい》年」とあり、記されたのが西暦四七一年であることがわかる。前章で述べたように、この金錯銘鉄剣には、「意富比垝(オホヒコ)」の名前がみえ、『日本書紀』崇神紀にみえる四道将軍の一人「大彦」と思われる。五世紀後半にはオホヒコに関連する伝承が存在していたということだが、ここでは、つづく「乎獲居(ヲワケ)」の伝承が「はつくにしらすスメラミコト」である崇神紀のオホヒコを始祖としていることを重くみたい。初代の天皇紀に、その活躍が伝承されているからである。

金錯銘鉄剣と銀錯銘大刀は、象嵌技術や文字の字形などから、朝鮮半島との関係が指摘されている。また、金錯銘鉄剣の字形は、朝鮮半島から出土して、東京国立博物館が所蔵している有銘環頭大刀の字形に類似しているといわれる（東京国立博物館『有銘環頭大刀』、図3-4）。ところが、金錯銘鉄剣の鉄素材は、中国からもたらされた地金が使用されたと想定されている（佐々木稔『鉄の時代史』）。この説に従えば、倭の五王の交流を通じてもたらされた、最高級の素材に基づいて製作されたものとなる。金錯銘鉄剣と銀錯銘大刀はヤマトの中央で制作された可能性が強いと思われるが、中国製の素材を使用しているとなれば、その可能性はさらに高くなる。

さらに、ヲワケが杖刀人首としてワカタケルに仕え奉る由来を、オホヒコに求めていることは、その由来時期を崇神天皇の世に求めていることを意味する。つまり、崇神を初代のヤマト王権の覇者（はつくにしらすスメラミコト）として認識し、その時期に活躍したオホヒコに職掌の由来を求めたのではあるまいか。オホヒコが実在したかどうかは別として、崇神の時代に関連づけられていることが重要である。

図3-4　有銘環頭大刀

人制の職能集団

さて、金錯銘鉄剣には「杖刀人《じょうとうにん》首《しゅ》」、銀錯銘大刀には「典曹人《てんそうにん》」の職名がみえる。杖刀人は「刀を

表3-1 『日本書紀』の主な人制史料

雄略即位前紀	大舎人，舎人
雄略 2 年 10 月	宍人部，厨人，河上舎人部，史部《ふみひと》
3 年 4 月	湯人
7 年	漢手人部，宍人部
8 年 2 月	典馬(人)
9 年 5 月	家人
10 年 9 月	養鳥人
11 年 5 月	川瀬舎人
14 年 1 月	手末才伎(たなすえのてひと)
23 年 8 月	船人

杖《も》つ人」のことであるが、武器を持つ武官であろう。ヲワケは東国の人物として都に出仕していたと思われるので、奈良時代の衛士《えじ》に共通するような軍人的要素がある。一方の典曹人は、「曹を典《つかさど》る人」の意味であり、曹(役所)を管理する文官であろう。当時の日本列島は、中国・朝鮮に近い九州の文明度が高く、東国は未開的要素が残存していたと想定される。その点からも、西から文官、東から武官が都に出仕しているのは興味深い。両者とも漢語表現の職名となっており、中国の制度の影響が強いのだろう。

こうした「〇〇人」という形の職名には、表3-1に示したように、「養鳥《ようちょう》人」(雄略一〇年九月条)と「典馬《てんま》(人)」(雄略八年二月条)がみえる。また、一字の漢字表記では、「湯《ゆ》人、宍《しし》人部、船《ふな》人」(雄略紀。ただし、読みは訓読にした)などの職名がある。このように、五世紀後半には、漢語表現の職名を記す分業的支配システムが存在したようで、古代史学ではこれを「人《ひと》制《せい》」と呼んでいる。「杖刀人首」という語句から推測すれば、人制の職能集団には「首」と表記される首長が存在しており、杖刀人全体を統括していたと思われる。

このほかに類似的な職名としては、「作笠者《かさぬひ》、作楯者《たてぬひ》、作金者《かなだくみ》、作木綿者《ゆふつくり》、作玉者《たますり》」(神代第九段一書)などがある。銀錯銘大刀には「典曹人」のほか、「作刀者」と「書者」がみえる。この書き分けは、「者」が単なる作業分担者を示しており、職能集団としての人制と異なっている可能性を示唆する。

これら二字の漢語表現の職名を見てわかることは、その語で具体的な職務行為を示している事実である。ただし、「船人」などの一字の職名については、その職務内容は必ずしも詳細がわからない。たとえば「舎人《しゃにん》」(雄略即位前紀)は後のトネリ(舎人)と関係すると思われるが、舎人が王宮(舎)に関わる職務であると推定すれば、王宮などの護衛・雑務に従事する人として、職務内容を直接示していることは推測される。

こうした職名との対比で、四七八年に武(雄略天皇)が宋の皇帝に出した上表文が再度注目される(『宋書』倭国伝)。ここで武は、高句麗王と同等の「開府儀同三司《かいふぎどうさんし》」を自称していた。この職は、役所の施設を開くことができる(開府)、大臣と同じ格式の武官のことである。原初的な「官職制」の設置を自称したのであるが、宋からは承認されなかった。こうした官職をもとにした政治的秩序を府官《ふかん》制と評する見方もあるが、実際の職能体制は杖刀人や典曹人などの人制であろう。

このように、人制の史料がワカタケル銘の金錯銘鉄剣のほか、『日本書紀』雄略紀に集中していることは、おそらく人制の実施を雄略天皇の時期に結びつける伝承が存在していたからであろう。

「王」と「大王」

　銘文によれば、ヲワケは杖刀人首として、无利弖（ムリテ）は典曹人として「獲加多支鹵大王」に「奉事《ほうじ》」する、と書かれている。奉事とは仕え奉ることであり、宣命《せんみょう》などに頻出する「仕奉《しぶ》」と同じ意味である。金錯銘鉄剣には「乎獲居臣」と「臣」の字が記されているので、臣従関係の一種だったのだろう。この時期、「〇〇人」という人制の職能集団は、倭国王と仕奉関係によって結ばれていた。

　これに対して、杖刀人や典曹人の側からは倭国王を「大王」と呼んでいた。千葉県稲荷台一号墳の王賜銘鉄剣では、倭国王と同じ「王」の称号であったが、ワカタケル（雄略天皇）の時期から「大王」の称号に変わったのであろうか。かつては教科書などには、天皇号以前は「大王」の称号が使われていたと書かれていた。しかし、王賜銘鉄剣の出現（一九八八年）により、五世紀の半ばには「王」であり、大王号は必ずしも天皇号以前の称号ではなくなった。

　この大王問題を考えるひとつの素材が、『釈日本紀《しゃくにほんぎ》』に引用された「上宮記《じょうぐうき》」逸文である。『釈日本紀』は、卜部《うらべ》兼方《かねかた》が鎌倉時代中期に著した書物であるが、引用された「上宮記」は現存していないものの、『古事記』『日本書紀』より古い書と考えられている。その系譜によれば、応神天皇が「凡牟都和希《ほむつわけ》王」、継体《けいたい》天皇が「乎富等《おほど》大公王」、垂仁天皇が「伊久牟尼利比古《いくめねりひこ》大王」と言われ、「王、大公王、大王」の称号がみえる（図3－5）。

凡牟都和希王（応神）は、王賜銘鉄剣以前の王にあたるので、「王」の表記はまちがいではない。しかし、それ以前の垂仁天皇が「大王」とあり、また雄略天皇以降になる継体天皇が「大公王」である。こうした国王号の多様な表記をみると、「大王」が制度的な称号として、確定しているとは、とても考えられない。中国では基本的に「大王」は尊称であり、宋に対して「大王」称号を要請したとは考えられないであろう。むしろ、ヤマト王権の王の称号は、倭国

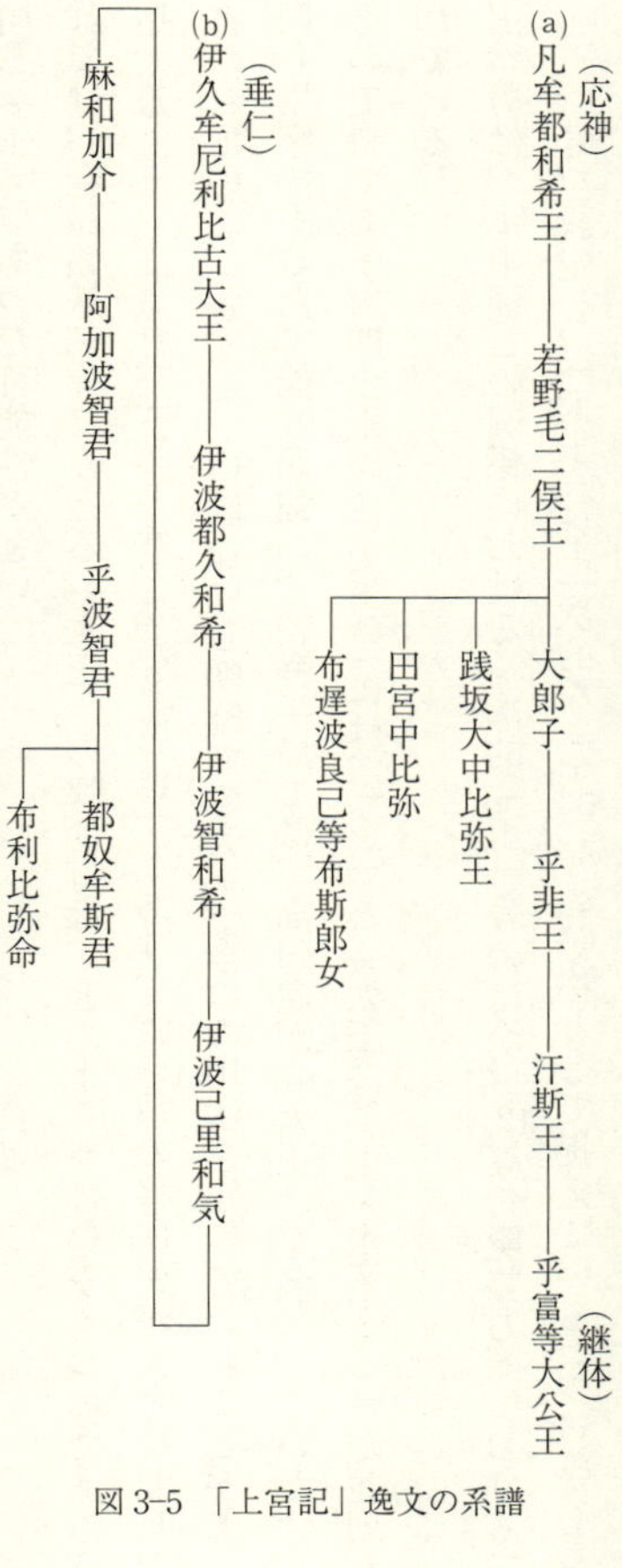

図 3–5 「上宮記」逸文の系譜

王と同じ「王」であった可能性が強い。

それでは、金錯銘鉄剣等にみえる「大王」の呼び方は、どのような性格をもつのであろうか。銀錯銘大刀には、「書者張安(張が姓、安が名前)也」とあり、渡来系の移住民が文字を記したことが書かれている。張安が、中国ないし朝鮮での大王(太王)の用法を知っていたことが考えられ、同じ用字であった可能性が強い。朝鮮半島では、高句麗が「太王」を名のっていた。しかし、その史料である広開土王碑(好太王碑)には、「王」と「太王(好太王・永楽太王)」が並列して使われている。

武田幸男は、(1)中国との関係における一次的「王」号のほか、(2)高句麗勢力圏における二次的な「王」号を設定し、「太王」は二次的な「王」号の美称として捉えている(『高句麗史と東アジア』)。宮崎市定も、尊称・敬称説を強く指摘している(「天皇なる称号の由来について」)。こうした研究成果によれば、「大王」とは、倭国王に杖刀人首として仕奉しているヲワケ、また典曹人として仕奉しているムリテからみた、王の尊称であった可能性が強い。

なお、厩戸皇子(聖徳太子)が「法大王《のりのおほきみ》」(『日本書紀』用明紀)と記され、ほかに「尾《を》治《はり》大王」(天《てん》寿国繡帳《じゅこくしゅうちょう》銘、尾治王)、「山背《やましろ》大王」(「上宮記」逸文、山背王・山背大兄)などと呼ばれていたことを考えると、大王の称号が必ずしも後の「天皇」を意味するとは限らない。かつて関晃が述べたように、「大王の語が単なる敬称ではなくて正式の称号であったという証明が少しもなされていない」(「推古朝政治の性格」)からである。この状態は現在も続いており、古代史学界では「大王」が天皇以前の正式称号であることを論証した研究者はいない。

「治天下の王」と「左治天下」

今日まで続く「日本」の国号は、大宝令《たいほうりょう》で制度化された。大宝令に規定された公文書様式のひとつである公式令《くしきりょう》詔書式条に、「明神御宇《あらみかみあめのしたしらす》日本天皇詔旨」の語句が存在しており(『令集解《りょうのしゅうげ》』同条古記)、法制的には隣国(唐)と蕃《ばん》国《こく》(新羅)への詔書に日本の国号を使用することになっていた。つまり、「御宇(宇内を御す)日本天皇」として、隣国・蕃国宛の文書に登場する決まりだった。

この「御宇天皇」に先立つ名称が、銀錯銘大刀には「治天下獲□□□鹵大王」とみえるように「治天下の王」と考えられる。史料には「大王」とあるが、大王は尊称であり、厳密にいえば「治天下の王」である。金錯銘鉄剣には、ヲワケが「左治天下」したことが記載されている。王と君臣関係でつながっているヲワケは「治天下」を佐《たす》(左)けて治めており、「左治天下」と記載された。このように両史料にみえる、ワカタケルは同じ「治天下の王」として、意識されている。

東アジア的世界の中心である宋から、「倭国王」に冊封されたワカタケルは宋の外臣《がいしん》であり、本来ならば自らの天下を称することができないはずである。それにもかかわらず、倭国王が「治天下」を名のったことは、中国との関係にもとづく国際的世界とは別に、自ら倭国的世界を形づくっていたからであろう。倭国は、中国向けと国内向けという二重の世界に自らを位置づけていたのである。

ところで、『古事記』では、各天皇段に「御真木入日子印恵命、師木の水垣宮に坐して、天下治しき」(崇神天皇)、「伊耶本和気王《いざほわけ》、伊波礼之若桜宮《いはれのわかさくら》に坐《いま》して、天下治しき」(履中《りちゅう》天皇)というように記載されている。傍点の「命《みこと》」「王」の部分は、ほかに「天皇」などとあって一定していないが、「大王」の語句はない。ここからも、国王称号の本質は「王」であり、天皇号以前は「治天下△△王」が一般的呼称だったことがみてとれる。

この「御宇」と「治天下」とは、同じ「あめのしたしらす」と読む。ともに蕃国(蕃は蛮に通ずる)と夷狄《いてき》(隼人《はやと》・蝦夷《えみし》)支配を内包する観念である。律令制のもとで、日本は唐に対しては隣国、新羅には蕃国として対処し、日本列島の夷狄である隼人・蝦夷に対してはそれに君臨する「御宇日本天皇」として振る舞った。天皇号成立以前の大化前代では、「治天下の王」という共通の政治的認識があったことが理解できる。

「画期としての雄略朝」

五世紀は、倭の五王が宋に遣使し、中国から直接、新たな文化を取り入れた時代である。国内では、大阪平野に朝鮮半島から移住した技術者によって陶邑《すえむら》が建設され、また韓鍛冶《からかぬち》集団が新たな鉄工技術で製品を加工した。このように、中国・朝鮮の文化が大きく影響した(後述)。

この五世紀の社会をどのように理解するのか、これは大きな研究課題である。古代史学界の一部には、この時期を「画期としての雄略朝」と位置づけ、ひとつの画期とみる研究者がいる。岸俊男は、『万葉集』巻一の巻頭歌が「雄略御製歌《ぎょせいか》」であるように雄略天皇を冒頭におく意識が存在したこと、『日本霊異記』上巻第一縁「雷を捉《と》る縁」が雄略天皇に仕えたという小子部栖軽《ちいさこべのすがる》の話で、雄略朝の説話で巻頭を飾ろうとする意識があったこと、また、浦嶼子《うらしまこ》（『丹後国風土記』逸文）のように雄略朝に時代設定をする伝承が多く、雄略朝に対する関心が強いことを指摘した。そして、『日本書紀』の編纂過程で雄略朝から始める意識、さらに『書紀』巻一四雄略紀から持統紀までは元嘉暦《げんか》が用いられ、儀鳳暦《ぎほう》が用いられた巻三～一三とは異なっているように、依拠した中国の暦法が違うことなど、雄略朝が古代の画期として当代人に強く意識されていたことを主張した（「画期としての雄略朝」）。

確かに、中国で四四五年から施行された元嘉暦が雄略朝の記述から使用され、書物の編纂や記録に大きな意味があったことは事実であろう。また、先ほどみたように、ヤマト王権のもとでは、「人制」と呼ばれる社会的職能システムが進展し、社会的分業が新たに展開した。しかし、ヤマト王権の社会的分業体制として、伴造《ばんぞう》制・部民《ぶみん》制や、地域支配の核となる国造《こくぞう》制はまだ成立しておらず（詳しくは、第五章二節）、一大画期と評価できる社会的な変革がみられない。また、雄略朝に「大王制」が制度化され、王権上の画期となったとすることも無理である。こうした意味では「画期としての雄略朝」より、むしろその後の六世紀のヤマト王権の専制化の時期が画期となる。

4 「記・紀」の王宮・王墓からみた五世紀

ここでは、『古事記』『日本書紀』の基礎となった「原帝紀」(「帝紀」の元になった素材史料)から、五世紀のヤマト王権の歴史を考えてみたい。研究の対象は、王宮と王墓の所在地である。

応神以降の王宮と王墓

さて、同時代史料が残っている雄略天皇は、金錯銘鉄剣と「記・紀」とでは、名前がワカタケルで一致する。また、王宮の名称(所在地を含む)は、金錯銘鉄剣は「斯鬼宮」、『日本書紀』は「泊瀬朝倉宮」(『古事記』は長谷朝倉宮と表記)、『日本霊異記』には「泊瀬朝倉宮」と「磐余宮」の記述がある。斯鬼(磯城)と磐余は近接した地名なので、同じ宮と判断するかどうかで王宮の数の見方が分かれてくる。両者が異なるとすれば、斯鬼宮・磐余宮・泊瀬朝倉宮の三宮。同じであれば、斯鬼宮(磐余宮)と泊瀬朝倉宮の二宮となる。いずれにせよ雄略天皇の王宮は、必ずしも一カ所ではなく、複数営まれていた。記載自体にもそれほど矛盾はなく、王宮の所在地は信憑性が高いといえるだろう。

ところで、王墓については、これまで伝承の信憑性はきわめて高いと考えられてきた（白石太一郎「記・紀および延喜式にみられる陵墓の記載について」）。ただし、個々の古墳については、必ずしも被葬者を特定できるわけではない。原帝紀の王宮と王墓の記載をもとに考えていくと、次のようになる。

歴代遷宮表（五八頁、表2－2）にみられるように、ほぼ実在したと思われる第一五代応神天皇以降の王宮と王墓が、奈良盆地を離れて大阪平野に移動する。王墓は河内《かわち》地域に移るが、王宮は難波《なにわ》地域（後の摂津《せっつ》）である。応神は軽島明宮《かるしまのあきらのみや》（橿原《かしはら》市大軽《おおかる》町付近か）に居住していたが、『日本書紀』の異伝によれば難波の大隅《おおすみ》宮（大阪市東淀川区西大道町付近か）に移る。おそらく四世紀末のことである。

応神以降は、王墓は五世紀代を通じ、第二〇代安康天皇を除いて、大阪の古市《ふるいち》古墳群（河内・恵賀《えが》）と百舌鳥《もず》古墳群（毛受《もず》）に造られている。一方、王宮の場合、第一五代応神・第一六代仁徳が難波地域、第一八代反正が河内地域（多治比）に営まれたほか、基本的に奈良盆地に所在する。つまり応神・仁徳・反正天皇の王宮は、難波と多治比という大阪平野に建設されたが、それ以外の王宮は奈良盆地に戻っていった。

王宮・王墓の移動の意味

このように「記・紀」によると、応神天皇以降、確かに王宮は難波地域に移動した。難波は、大宝令制の行政区画では摂津国であるが、広く河内として捉えることは、必ずしもまちがいではない。そして王墓も、奈良盆地から大阪平野に造営されることになった。四世紀末に、政治的センターが難波・河内地域に移動したのである。ただし、王宮はふたたび大和地域に戻ることになる。

　すでに述べたように、個々の天皇陵の比定は難しいが、巨大な前方後円墳が王陵である可能性は高い。これらの前方後円墳は、古市古墳群と百舌鳥古墳群とに各々分布している（図3－6）。

図3-6　大阪と奈良の前方後円墳分布図（白石太一郎『考古学と古代史の間』より，一部改変）

　この王宮と王墓の移動は、どのような政治的意味をもっているのだろうか。最初に注意したいのは、奈良盆地から大阪平野へ移動したにもかかわらず、王墓と想定される古墳の墳型は同じ前方後円墳であること。つまり、古墳における葬制儀礼や首長権の継承儀礼などの変化を伴うような、文化的・政治的変動はなかったことになる。したがって、四世紀末から五世紀にかけての王墓の移動は、何らかの内在的理由によったことになる。つまり、古墳築造者の政治的意図に関係していた。しかも、一時的にせよ王墓と王宮が同時に移動したことは、共通した意図に基づくものと考えられよう。

これまで強調してきたように、ヤマト王権の政治的センターは王宮である。王宮は、いったん大阪平野へ移ったものの、奈良盆地へ戻っている。王宮に限っていえば、ヤマト王権の内部的理由から移ったと考えざるをえない。

王宮・王墓とも大阪平野に移った応神天皇の時期は、中国との直接交渉は途絶えていたが、朝鮮半島との外交・戦争は活発であった。そして、「記・紀」では応神は、半島に所在する新羅などの蕃国支配を実現した天皇として記述されている。

こうした歴史的背景から考えると、王墓、王宮の移動は、瀬戸内海を通じて朝鮮半島および新たに中国大陸へと関心が向かっていく、ヤマト王権の政治的課題と関係したものだったのではなかろうか。これまで指摘されてきたように、百舌鳥古墳群は瀬戸内海から難波津に向かう船舶にとって可視的なモニュメントになる。現在では、土砂の堆積や埋め立てで海岸線から離れているが、当時は海上の船からその威容を見られたはずである。一方、古市古墳群は、難波津から河内湖・大和川を経て奈良盆地に向かう交通の要衝地に近く、これまた外交使節に覇権を示す絶好の場所となる。大阪平野への王宮・王墓の移動は、ヤマト王権の海外展開を見据えた行為であったと思われる。

七世紀のことになるが、孝徳天皇の難波遷都(六四五年)は瀬戸内海を通じた海外展開と国内改革、天智天皇の近江大津宮《おうみおおつのみや》遷都(六六七年)も白村江の敗戦と対外的危機を踏まえた遷都であった。海外の政治的動向を意識した遷都は、ヤマト王権の歴史に刻まれていたと思われる。

王墓が移動する歴史的意味

次に、王墓の問題を検討するが、その前提となる分析の枠組みについて一言述べたい。第一に、図3-6にあるように、四世紀後半から五世紀にかけては、奈良盆地に大和《おおやまと》・柳本古墳群、佐紀《さき》古墳群、馬見《うまみ》古墳群、大阪平野に古市古墳群・百舌鳥古墳群などの巨大な前方後円墳から構成される古墳群が同時に並存している。しかも、王墓が奈良盆地から大阪平野に移動しても、五世紀前半は奈良盆地の古墳群にも前方後円墳の築造が続くという歴史的事実がある。王墓だけに目を向けるのではなく、ヤマト王権を構成している諸集団の動きをみていかなければならない。

第二に、王宮は歴代遷宮にみられるように、固定した特定地域に営まれるのではない。つまり、ヤマト王権はもはや特定の地点に政治的基盤をもつような存在ではなかった。初期のヤマト王権は、すでに大和地域と山背(京都府南部。平安遷都以降は「山城」と表記)南部を含む周辺地域に影響を及ぼす王権に成長していた。この点で、ヤマト王権の首長は特定地域から独立した性格を有していたと思われる。

王墓の移動も、こうした観点から考察する必要がある。応神以降の前方後円墳は、それ以前の前方後円墳の諸要素を継承していて、新たな「革命的変化」をみつけることはできない。つまり河内への王墓の移動も、王宮の立地と同じように、大和地域を中心とする王権の発展として捉えられることになる。

王墓や王宮の移動が行なわれるまで、河内地域には、中小豪族しか存在していなかった。これら地方豪族は、小規模の前方後円墳を築造することによって、ヤマト王権とつながっていた。五世紀の河内地域には、強大な在地勢力は存在しておらず、大和地域を基盤とする政治勢力が圧倒的に優位であった（熊谷公男『大王から天皇へ』）。つまり、河内には、ヤマト王権を凌駕して政権交代を実現できるような勢力はいなかったのである。

かつて近藤義郎は、大和古墳群・柳本古墳群・佐紀古墳群の巨大古墳群は巨大墓地であって、集落の存在や中枢首長一族の居住を示すものではないことを指摘し、「大和連合の中枢首長とその随伴者たちは、その生活基盤ないし部族的基盤を南部に持ち、ただ墳墓地を未開の原野に選定したといって過言ではなかろう」と主張した（『前方後円墳の時代』）。近藤は、古市古墳群・百舌鳥古墳群での王墓の築造も、従来のヤマト王権の延長線上にあるとみる。この視点が、妥当であろう。

一方、白石太一郎は、「本貫地《ほんがん》に営まれるのが原則であった古墳の位置こそが、王権の氏族的基盤をしめすもの」とし、移動現象をヤマト王権内部の盟主権が大和から河内に移ったものと主張する(『古墳とヤマト政権』)。また最近では、王墓は「その政治勢力の本拠地に造られるのが原則」(『考古学と古代史の間』)とする。しかしながら、王墓の所在地を政治勢力の本拠地として理解することは、歴史的事実として無理ではなかろうか。政治的中枢は、王が指揮する王宮の存在地に求めるべきである。しかも、先に言ったように、河内には、ヤマト王権を凌駕するような政治的勢力は存在していなかった。

王朝交替論の功罪

このように、王宮と王墓が、大和から難波・河内地域へ移動することから、王朝の交替を主張するのが、「河内王権論」(「難波王朝」の名称もある)である。厳密にいえば、五世紀を通じて河内に所在したのは王墓であるので、河内王権論は王墓の位置から立てられた学説となる。

こうした河内王権論の背景には、『宋書』倭国伝の記述も関係している。「倭国伝」では、倭の五王のうち、珍と済との間の血縁関係が記載されていない。そのため、讃・珍のグループと済・興・武のグループを区分して、「二つの王家」を提起する学説である(先述、七八頁)。

しかしながら、『宋書』によれば済の姓《せい》も「倭」であり、倭の五王はすべて「倭」姓を名のっていた。宋からみれば、五世紀の倭国王は「倭」という同一姓の氏族集団であり、同じ父系的氏族と想定するしかない。同一の「委」姓という事実からして、「王権の断絶」はなかったと思われる。

この河内王権論の主張には、戦後に出された王朝交替論の影響が強くあるのではないか。その代表的なものとしてあげられるのは、江上波夫の騎馬民族説と水野祐の古代王朝交替論である。両者の主張を簡潔に紹介したい。

江上は、(1)「記・紀」の神話伝承、(2)古墳およびその出土品、(3)中国史記載の東アジアの形勢、という三方面からアプローチして騎馬民族説を提案した。その基軸となるのは考古学的考察である。東アジア系の騎馬民族が、新鋭の武器と馬をもって朝鮮半島を経由し、(古墳時代前期に)おそらく北九州か本州西端部に侵入してきた(第一回建国)。四世紀末ころには畿内に進出し(第二回建国)、そこに強大な勢力をもった大和朝廷を樹立して、日本統一国家の建設をいちおう成就した。大和朝廷の樹立は、応神・仁徳両陵に代表される、古墳時代後期の開幕に対応する、というものである(『騎馬民族国家』)。

まず騎馬民族説は、大半の考古学研究者には受け入れられなかった。なかでも佐原真は、食用家畜をもつ騎馬民族の食(肉・乳製品)・去勢・犠牲の文化と、日本列島の古代文化を比較し、列島の住人は食用家畜をもたず肉食への愛好度が低かったこと、日本語に去勢を示す言葉がないこと、渡来系の人々には儀式の際に動物を屠《ほふ》る「犠牲」の習慣がみられるが、ヤマト王権の即位儀礼に「犠牲」がないことなどを指摘し、騎馬民族は来なかったと結論づけている（「騎馬民族は王朝をたてなかった」「騎馬民族征服王朝説への疑問」）。首肯できる考え方である。

また、江上の騎馬民族説に対し、「大きな魅力を感じながら、しかもにわかに従えない」とする井上光貞は、日本の征服は崇神天皇ではなく、応神天皇を初代とする方が合理的だと主張した。そして、次に紹介する水野祐説の検討に移り、「その全構想には、にわかに従いがたい」としつつも、⑴応神は征服者であった、⑵応神は九州に興った豪族であった、という二点に同感したが、騎馬民族説は否定した。井上においては、むしろ応神王朝の新しさが強調された（『日本国家の起源』）。

水野の主要点は、『古事記』における歴代天皇の没年干支《かんし》を歴史的事実として認め、和風諡号と『日本書紀』の空位の分析から、「万世一系」という天皇系譜を否定し、①古王朝（崇神王朝）、②中王朝（仁徳王朝）、③新王朝（継体王朝）という三王朝交替説を提示する。ここで応神天皇を持ち出さないのは、『古事記』没年干支への考察に基づいている。水野は、仁徳天皇以前の『書紀』の記載は史的事実として信用せず、仲哀天皇と応神天皇の間に王位継承上の断層があるとし、応神が新たな征服国家の主権を掌握したと主張する。しかし、応神の没年しか認めないので、応神・仁徳王朝ともいいつつ、仁徳王朝を評価する（『増訂日本古代王朝史論序説』）。

この水野の指摘は、前提とする『古事記』没年干支の評価ひとつをとっても、それを歴史的事実と認めるわけにはいかず、支持することができない。しかし、万世一系の否定は、戦前の皇国史観に通じる万世一系的天皇史観を否定し、かつ研究史上には万世一系の考え方を相対化した点で、大きな意味をもつ。ここでは水野説が、仁徳王朝を画期として重視していることをおさえておこう。

以上のように、騎馬民族説と征服王朝説の主要な論点は、⑴崇神天皇に始まる初期ヤマト王権、⑵大和から河内の地域に移動した応神天皇、⑶近江および北陸の越《こし》に政治的基盤を持った継体天皇、というヤマト王権の三時期の歴史的評価に関わっている。こうした画期自体は歴史的に裏付けられたものであり、その意味するところを解かねばならない。話を元の河内王権論に戻していえば、応神朝を外来系の征服王朝として捉えるのではなく、隣接する難波地域の豪族による征服とみるのが河内王権論(難波王朝論)となる。本書では、⑴はヤマト王権の始まり、⑵はヤマト王権の海外展開として捉えることになる。なお、⑶の問題は第四章で取りあげる。

前方後円墳が語る政治秩序

最後に、前方後円墳が示している政治的序列の問題に触れておきたい。日本列島では前方後円墳が成立した後にも、円墳・方墳のほか前方後方墳など多様な形態の墳墓が築造されていた。しかも、それら古墳には形態の違いのほか、規模の差違がある。ヤマト王権の象徴ともいえる前方後円墳の築造は、ヤマト王権との政治的関係を体現する。したがって、築造された古墳の墳型・規模によって、ヤマト王権との政治的距離をはかることが可能となる。中央・地方の貴族・豪族が営む古墳を分析することにより、ヤマト王権における彼らの政治的位置と秩序を確認することができる。

ところで、考古学研究者の一部には、前方後円墳の築造場所から王権論を組み立てる傾向が強い。しかし、古墳の立地は、必ずしも王権の中枢を示すものではない。奥つ城を意味する古墳の立地は、寿陵の場合を含め、時のヤマト王権の政治的意図を表わすことが多いだろう。すでに述べたように、百舌鳥古墳群や古市古墳群は、瀬戸内海から難波津、そして、難波津から河内湖・大和川を経て奈良盆地に向かう途次にあった。外交使節にヤマト王権の覇権を示す可視的なモニュメントだったのだ。なお、主要な王陵が発掘されていない現状では、被葬者の比定は不可能である。また、副葬されている威信財の実態も不明である。前方後円墳の序列を基にして、国家的秩序を論じることには、このように大きな制約がある。

本書では、倭国としての政治的統合の最終段階として前方後円墳の成立を考え、その結果、次の新しい段階にヤマト王権が成立したという論を展開した。この見地は、前方後円墳の成立をもってヤマト王権の形成を考える、従来の見解の再検討を迫るものである。前方後円墳の形成から終末までの歴史が、ヤマト王権の成立から律令制国家成立までの過程とパラレルに合わないだけではない。どうしてもヤマト王権の諸画期と、関連づけることが原理的に難しいのである。したがって、国家形成に重要な役割を果たした、六世紀における伴造制(部民制)・国造制などの政治的システムを、前方後円墳論として取り込んでいくことは、学問の性格上、容易ではない。

ただし、各地にみられる盟主墓の変遷などは、ヤマト王権の政治的動向と関連づけて考察することは可能であろう。また、ヤマト王権の墳型である前方後円墳の受容などは、中央政治の動きと関連している可能性がある。なお、こうした事実は狭義の考古学の方法論的な限界性を示すもので、学問的な優劣の問題とは無関係である。

5　朝鮮半島から移住してきた技術者集団

列島の文明化と朝鮮半島の移住民

五世紀になると、宋との直接交渉が始まった。外交関係の担い手として中国の正史にのこる倭の五王が注目されてきたが、五世紀の国際交流は中国だけではなく、朝鮮半島とも引き続き行なわれている。『宋書』倭国伝の武の上表文には、祖先の征討活動について、「渡りて海北九十五国を平らぐ」と記されている。倭国王の将軍号についても、先に検討したとおり、五世紀における朝鮮半島への関与は、新羅・任那等への軍事的支配権を狙ったものであった。

固有の文字をもたず、鉄資源などが乏しかった日本列島では、朝鮮半島と中国大陸との交流が重要な役割を担った。体系的技術を伴った稲作農耕の伝来から始まり、青銅器・鉄器等の金属の受け入れは、おもに朝鮮半島からであろう。弥生時代の開始を告げる画期であり、列島における生産経済への大きな転換点であった。また、文字を発明しなかった列島の支配者にとって、漢字・漢語などの文字と言葉の受容は、東アジア世界の共通言語を習得することであり、国内外の言葉の伝達になくてはならぬ役割を果たした。やがて仏教・儒教などの宗教や思想、古代国家の法律となった律令法を受け入れるが、漢字・漢語・漢文の習得がその基礎となった。

人々も、朝鮮半島からやって来た。『日本書紀』には「異俗《あたしくにのひと》も訳《をさ》を重ねて来《まう》く。海外までも既に帰化《まうおもぶ》きぬ」(崇神一二年三月条)とある。また律令法には、(a)「蕃客帰化」(職員令大宰府条)、(b)「化外人帰化」(戸令没落外蕃条)などの条文がある。(a)の部分に対し、養老令の注釈書『令義解』は、「遠方之人、欽化内帰」と書き記す。同義語としては「化帰」「化来」などがある。夷狄・蕃国の人々が、王・天皇を敬って参来する意味である。

しかし、朝鮮や中国から来る人々が、必ずしも王・天皇を敬って参来する人とは限らない。そのため、今では「渡来」という言葉で表現するようになった。

朝鮮半島や中国大陸から渡来した人々の歴史的役割は、日本列島における未開から文明への発展の橋渡し、ということである。関晃は、「中国や朝鮮から持ち込んだ種々の技術や知識や文物が、当時の日本の社会の進展と文化の発達に、決定的な役割を果たした」と、積極的に評価した。平安時代初期に著された『新撰姓氏録』では、帰化系である諸蕃の氏族が約三割を占めるという(『帰化人』)。新しい文化・技術を保持した渡来系の人々の移住によって、列島における文化・産業の文明化が達成されたのである。

それは同時に、鉄をはじめとする資源と文化の輸入を確実に実行するため、こうした渡来系の人々の移住を安定的に行なうことが必要ということでもあった。そのためヤマト王権は、朝鮮半島の諸国を朝貢国である蕃国として隷属させようとしてきたのである(石母田正『日本古代国家論』第一部)。

列島の王は「治天下の王」として振る舞ったが、「あめのしたしらす(治天下)」とは、具体的には朝鮮半島の蕃国と列島の隼人・蝦夷などの夷狄を服属させ、貢納させるということであった。中国の中華思想にならった面もあるが、朝鮮半島からの文化・資源の安定的受容という、ヤマト王権の政治的要請があったことを看過すべきではない。中国の皇帝が東夷の蕃国に求めたのは、有徳の天子に対する朝貢であった。ヤマト王権の場合、鉄資源や技術をもつ人間という、実利を求めていたのである。両者の差は大きい。

半島と列島間の往来

日本列島から、朝鮮半島と中国大陸の遺物が多数出土しているが、発掘調査の進展により、半島側においても、少なくない倭国系の文物が出土してきている。たとえば、金銅製の装身具や馬具などの朝鮮系の文物が、列島の古墳から多数出土している。一方、木棺や巴型銅器などの倭系文物のほか、夜光貝などの南島系遺物が半島から出土している。そのため、「半島から列島へ」というような一方向ではなく、「列島から半島へ」の搬入を含め、双方向の視点から分析する必要が生じている。

かつて韓国・朝鮮の研究者は、半島から列島への文化の影響を過大視した。一方、日本の研究者は、列島において独自の古代文化が発展したことを強調する傾向が強かった。両者ともに、歴史的事実との関係では問題がある。

ここでひとつの事例をあげておこう。五世紀後半〜六世紀初頭、朝鮮半島南部の栄山江《えいざんこう》流域において集中的に前方後円墳が出現する。この前方後円墳をめぐって、一九八三年の発見時から、被葬者の出自について日韓で論争が絶えなかった。そのポイントは、前方後円墳という墳型が日本列島において発明された、と考えるかどうかである。列島の前方後円墳の出現は、三世紀半ばから後半であり、朝鮮半島における出現期とは、大きな時間差がある。にもかかわらず、一部の韓国研究者からは、半島で前方後円墳の墳型が生まれ、列島に持ち込まれたとする説も発表された。ナショナリズム感情に訴えるかのような研究姿勢は、学問とは無縁であり、客観的事実を追い求める研究者としては特に戒めなければならない。

最近、韓国の考古学研究者朴天秀は、朝鮮半島と日本列島間の双方向の移動と相互間の影響を重視することを説いている。栄山江流域の前方後円墳の被葬者は、石室や貝釧《くしろ》などから北部九州ないし佐賀平野出身の倭人とみられること。また、この地域の倭人は、百済とも密接な関係をもっていたという。一方、栄山江流域からもたらされた土器が、福岡県の番塚古墳(周防灘沿岸)や梅林古墳(室見川流域)などから出土し、人々が移住して来たことを指摘する。これら栄山江流域の移住民を受け入れた地域では、周辺の集落遺跡からも、六世紀代の百済系「大壁建物」(主柱が土壁に塗り込まれた、大壁造りの建物)や文物が共伴しているという(『加耶と倭』)。

こうして、栄山江流域に居住した倭人は、百済の文物を受け入れる窓口の役割を果たすとともに、前方後円墳を築造したと指摘する。このように、栄山江流域の前方後円墳をめぐって、学問的事実に基づく研究が進展してきたことは、重要な意味をもっている。日韓の交流は双方向で捉える必要があるからだ。

前方後円墳の問題から、時代を進めて六世紀の日韓交流を述べることになってしまった。次項では元にもどして、五世紀における渡来系移住民について考えたい。

大和における渡来系移住民と手工業

五世紀には、朝鮮半島から多数の工人が日本列島に移住し、手工業の技術革新や土地の開発に大きな役割を果たすことになった。こうした半島からの技術者は、『日本書紀』などの文献史料には、「陶人」や「船人」として記されているが、必ずしもその詳細はわからない。そこで、発掘調査に基づく考古学の研究成果から考えてみたい。その地域として、奈良盆地(大和)と大阪平野(河内)をとりあげてみよう。

渡来系工人の代表的な遺跡は、奈良盆地の御所《ごせ》市地域にある、南郷遺跡群である。金剛山の東麓の扇状地で、東側は巨勢山《こせやま》丘陵が走る。古墳時代中期(四世紀後半〜五世紀後半頃)の遺跡群であり、大型建物や祭祀遺跡のほか、武器類・機織り具等の手工業生産を行なう工房遺跡がみつかっている。南郷遺跡のほかにも、たとえば天理市の布留《ふる》遺跡の刀装具類も、渡来系技術者の関与は否定できないという。

さて、半島からの移住民の遺跡として、どのような遺物が標識になるかという問題はたいへん重要である。かつては、韓式系土器(朝鮮系土器)の出土が重視されていたが、交易・流通によってもたらされた可能性もあり、必ずしも渡来系工人の移住を示すとは限らない。現在では土器に加え、ミニチュアの炊飯具や農耕具などの遺物や、朝鮮半島からもたらされた大壁建物の存在が、半島から移住して来た手工業技術者の遺跡であることを示すものと想定されている(図3-7、8、9)。その結果、南郷遺跡群には大規模な手工業生産の工房が存在したことが想定され、これは五世紀前半に形づくられ、五世紀後半がピークになる遺跡群だったようである(青柳泰介「大和の渡来人」、坂靖『古墳時代の遺跡学』)。

この南郷遺跡群に直接関係する「記・紀」の記述はないが、この辺りは葛城氏の勢力圏であり、葛城氏に関係していることはまちがいなかろう。ただし、五世紀には、まだ氏(ウヂ)が存在していない。正確にいえば、後の葛城氏につながる氏族である。

図 3-7　(左)農工具などの遺物(大阪府木間池北方遺跡，城遺跡ほか)／(右)ミニチュア炊飯具(滋賀県太鼓塚5号墳遺跡)

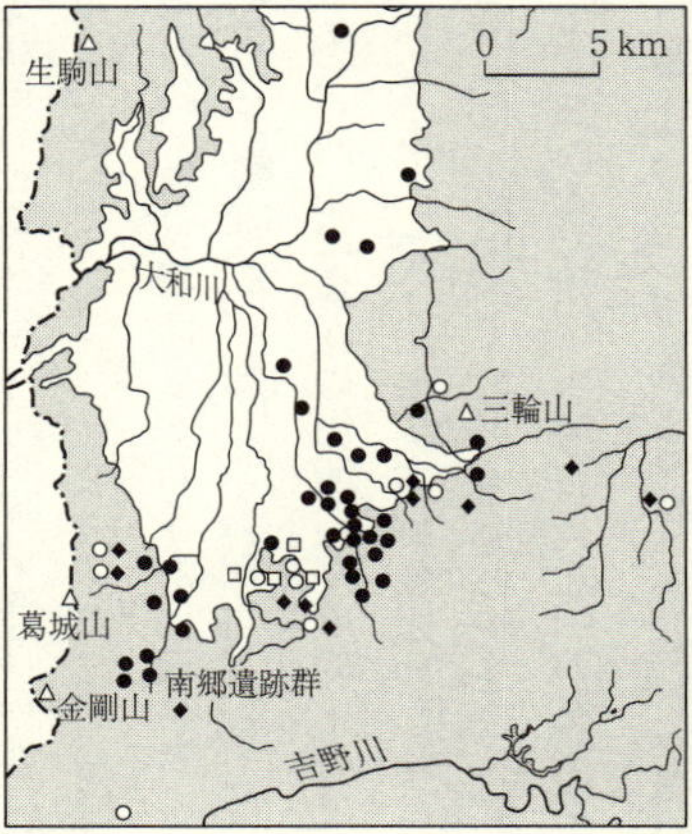

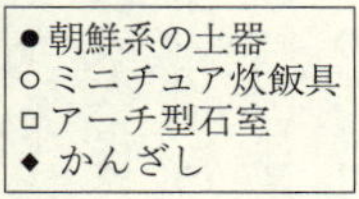

図 3-8　大和における渡来系遺物の分布図

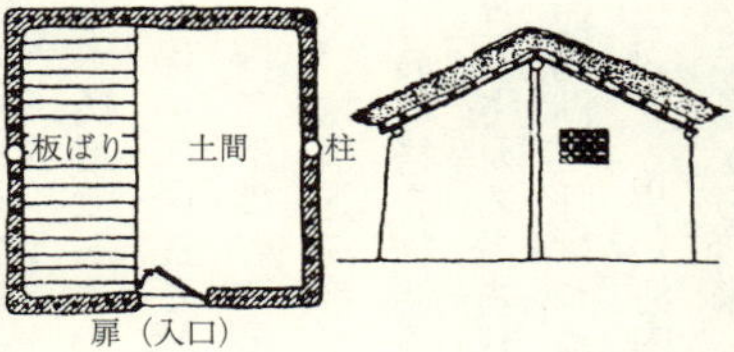

図 3-9　大壁建物

南郷遺跡群に関連する高宮（旧大和国葛上郡高宮）は、葛城襲津彦《そつびこ》の娘で仁徳の皇后石之日売《いわのひめ》（磐之媛）が「葛城　高宮　我家の辺」（『古事記』仁徳段）と歌っており、葛城氏の本拠地であった可能性がある（坂靖、前掲）。この高宮は、葛城襲津彦が新羅から技術者を連れ帰って居住させたという、桑原（旧大和国葛上郡桑原）・佐糜《さび》（同葛上郡佐味）・高宮・忍海《おしぬみ》（旧大和国忍海郡）の四邑のひとつで（神功皇后紀摂政五年三月条）、四邑は現在の御所市がその中心である。南郷遺跡群が営まれたのは、神功紀とは時代が異なっているが、渡来系移住民の伝承は遺跡の性格を物語る。

河内における渡来系移住民と馬文化

一方の大阪平野では、河内湖周辺の遺跡と陶邑窯跡《すえむらかまあと》群が注目される。古代の河内地域では、北から淀川、東から大和川が合流し、河内湖と呼ばれる湖沼を中心とした広大な未開拓の低湿地が広がっていた（図3－10）。河内地域では、在地の氏族の政治力も大和地域に比べて劣っており、ヤマト王権は半島から渡来した技術者集団を集住させ、河内湖周辺の開発や陶邑による須恵器の大規模生産に乗り出した。

河内湖周辺の遺跡では、大阪府四條畷市の蔀屋北《しとみやきた》遺跡が興味深い。この五・六世紀の集落遺跡からは、馬の飼育と関連する製塩土器や馬具などが出土し、朝鮮半島産と想定される馬具などもある。さらに、準構造船の船材を転用した井戸枠や、馬一頭の埋葬遺構が見つかっている（大阪府立近つ飛鳥博物館『河内湖周辺に定着した渡来人』）。

かつて日本列島では馬が生存していなかったようで、「魏志倭人伝」には「その地には牛・

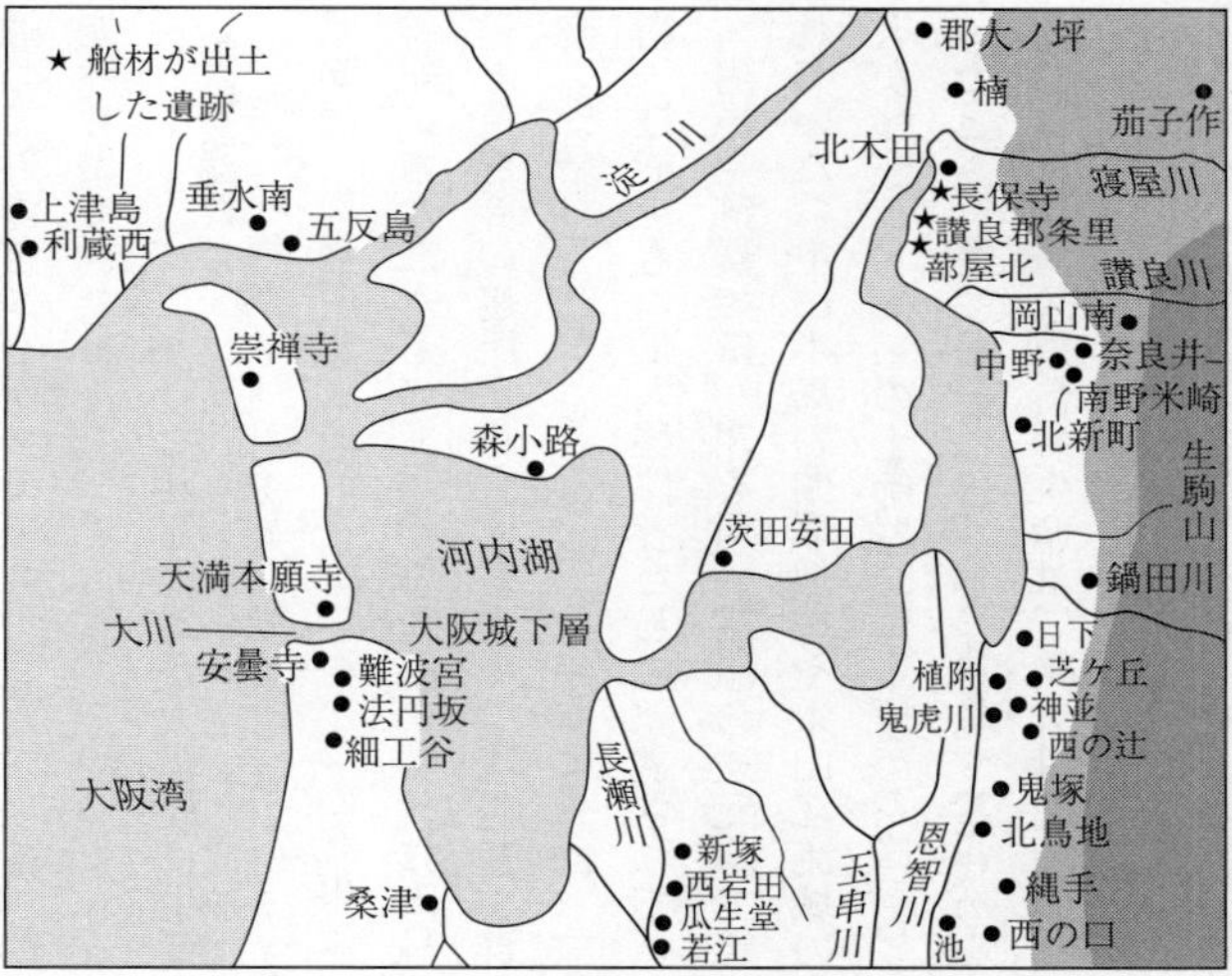

図 3-10　河内地域地図（大阪府立近つ飛鳥博物館『今来才伎』より，一部改変）

馬・虎・豹《ひょう》・羊・鵲《じゃく》無し」と記述されている。考古学の調査によれば、この記述はまちがいないようで、四世紀末以降に半島から移住した人々とともに入り、五世紀になると乗馬と馬文化の風習が育つようになる。河内湖周辺や淀川の氾濫《はんらん》原を牧にした移住民は、後に河内馬飼（河内飼部とも。『書紀』履中五年九月条等）という部民に組織されたと想定される。

朴天秀は、河内湖周辺の馬飼集団の遺跡から出土した土器（硬質土器）が、朝鮮半島の栄山江流域のものであることを指摘している（「日本列島における六世紀代の栄山江流域の土器」）。当時の地形からみると、蔀屋北遺跡は河内湖を通じて外洋とつながっていた。したがって、船舶をもって半島とダイレクトに結ばれていた可能性も出てきた。

陶邑窯跡群

こうした硬質土器が大規模に生産されたのが、大阪府南部の泉北丘陵に位置し、堺市・和泉市・岸和田市にまたがる陶邑窯跡群である。『日本書紀』には「茅渟《ちぬ》県陶邑」(崇神七年八月条)とみえる。この記事は、奈良県の三輪《みわ》神社に関する三輪氏の伝承が崇神紀に書かれたもので、崇神天皇の時代に陶邑があったわけではない。ただし、この陶邑の記述と遺跡群の場所が符合するので、陶邑窯跡群と呼んでいるというわけだ。しかも、「新漢《いまきのあやの》陶部高貴《すゑつくりかうくゐ》」(雄略七年是歳条)とあるように、「新漢《いまきのあや》(今来漢人)」と呼ばれており、新しい技術・技能をもつ工人移住者として認識されていたことが注目される。

陶邑窯跡群では、窯を用い高温の還元焰で焼成された青灰色の硬質の焼物、須恵器が生産されていた。主に半島の伽耶地域や栄山江流域の陶質土器の影響をうけたもので、この地域の工人が移住し、旧来の土師器(弥生土器の系譜をひく赤茶けた素焼きの土器)の製作者も参加して始まったとされる(大阪府立近つ飛鳥博物館『年代のものさし――陶邑の須恵器』)。最近の酒井清治の研究によれば、須恵器の生産は、(1)五世紀初頭、西日本を中心に各地で多元的に須恵器の生産が開始された時期、(2)陶邑窯跡群を中心とする生産の仕組みが整った時期がある(「須恵器生産のはじまり」)。この二段階の生産時期のうち、(1)の時期の製品には伽耶、(2)の時期の製品には栄山江流域の影響がみられるという。須恵器の生産においては、朝鮮半島南部の強い影響があった。

以上のような渡来系工人集団による生産工房の展開について、花田勝弘は大和地域では玉類・鉄・ガラスなど高度な技術の生産工房や金工を含む特殊工房が立ち上がり、河内地域では須恵器(陶邑)や鉄器のような単一種類の大型化した工房群が設置されたと指摘する(「鉱物の採集と精錬工房」)。つまり、大和地域に高度な技術の生産工房、河内地域に須恵器・鉄器の大型工房を配置したのである。大和地域に政治的中枢部をもつヤマト王権にとって、当然の政策的配置であろう。

ここまでみてきたように、五世紀までの歴史は、同時代史料である中国正史に依拠することが、どうしても多くなる。『古事記』『日本書紀』は編纂物であり、必ずしも歴史的事実を伝えているわけではないからである。五世紀になると、何度も触れたように、国内でも埼玉県稲荷山古墳出土の金錯銘鉄剣などの同時代史料の金石文があり、これらを活用して歴史の一端を明らかにしていくことになる。ただ依然として、文字史料は圧倒的に少ない。

その一方、近年の考古学研究が明らかにした豊富な研究成果があり、考古学から照射した文化的世界の復元を取り込んでいくことになる。しかし、まだ未知の領野が多く、古代の歴史的世界の全貌を明らかにするには、その道のりは険しい。また、最後の「倭の五王」である雄略天皇の没後、中国南朝の宋が滅亡したこともあって、中国正史はおろか国内史料を使うことも難しい。

ところが、六世紀になると、『日本書紀』から部分的に歴史的事実を確認することが可能となる。「日本史年表」の類では、継体天皇から編年記事を始めるようになる。六世紀前後の歴史は、『書紀』利用の比重が変化するからである。しかし、『書紀』に対しては、精緻な史料批判が必要であることはいうまでもなく、それを肝に銘じて、次章では六世紀史を語っていくことにしたい。

第四章　継体天皇の即位と伽耶

1　新王統の誕生

仁徳天皇系の断絶

『日本書紀』では、武烈《ぶれつ》天皇紀に「孕《はら》める婦《をみな》の腹《はら》を刳《さ》きて、其の胎《このかたち》を観《みそなは》す」（武烈二年九月条）というような暴虐記事がある。戦前には、こうした記事は本来の『書紀』にはなく、後人による讒入《ざんにゅう》記事と主張された時期もあった。しかし、これらは当初から『書紀』に記述されたもので、第二五代武烈天皇に子どもがいなかったことを示す、寓話的記述なのだ。実際に武烈には子どもはおらず、系譜（図4－1）にあるように、近親者にも適当な即位候補者がいなかったようだ。

ただし、『書紀』には、次の継体天皇の即位要請に先立ち、仲哀天皇五世孫（第一四代仲哀天皇の五世代後の子孫）の倭彦《やまとひこ》王を招聘するという記述がある。こうした仲哀五世孫が生存していたことをみれば、仁徳系の候補者がまったく存在しなかったわけではなかろう。

『書紀』では、大連の大伴金村《かなむら》がイニシャティブをにぎり、同じく大連の物部麁鹿火《あらかひ》らの群臣とはかって、応神天皇の五世孫という男大迹（ヲホド）に的をしぼって即位させる記事がある。これが継体天皇である。後述するように、継体は、即位してから大和地域へ遷都するまでに二〇年間（あるいは七年間）を要しているので、必ずしも平和的な即位ではなかったかもしれない。応神五世孫という親族関係でいえば、実質的には地方豪族と同じとみていいだろう。漢風諡号の「継体」は、体を継ぐということであり、古代貴族には新しい王統の誕生と映ったのである。

なお、『書紀』には応神五世孫とあるだけで、具体的な名前が書かれていない。そのため、系譜の信憑性を疑う見方もあるが、『日本書紀』の撰上には「系図一巻」が付随しており（『続日本紀』養老四年五月条）、五世孫は事実であろう。律令法が定める天皇の親族（皇親）の範囲は子から数えて四世なので、五世は皇親の一員でもない。「上宮記」逸文の系譜で（八七頁、図3－5）差しつかえないだろう。

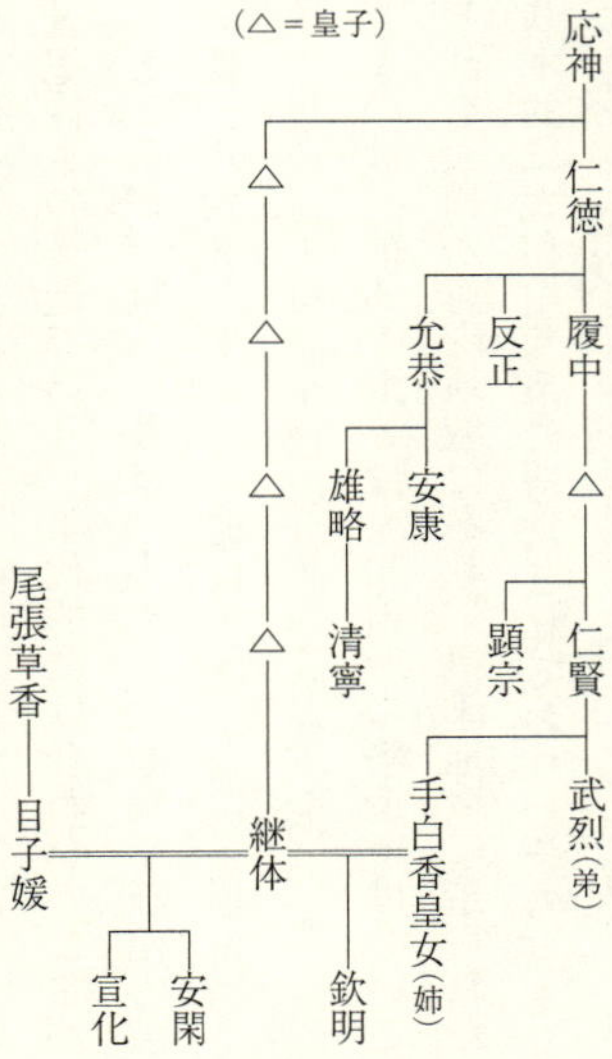

図4-1　武烈の系譜

応神五世孫の継体は、旧来の王統に連なっていくために、仁賢天皇の娘である手《た》白香《しらか》皇女と結婚し、「婿入り」のかたちをとる。この手白香の墳墓は、奈良県天理市の大和《おおやまと》古墳群にある西山塚《にしやまづか》古墳（古墳の築造年代から想定）である。初期ヤマト王権の墓域に墓を造り、正統性を示したものであろう。なお、現在宮内庁が指定している「手白香陵」は西殿塚《にしとのづか》古墳であるが、これは三世紀後半の築造であり、年代的には合わないまちがった指定である。

ところが、継体の墓は、出土した埴輪や石棺の破片の年代観から六世紀前半の築造とされる、全長一八六メートルの今城塚《いましろづか》古墳（大阪府高槻市）である。宮内庁指定の太田《おおた》茶臼山《ちゃうすやま》古墳（大阪府茨木市）は、五世紀半ばの造営で時代があわず、誤った指定であることはともかくとして、重要なのは、継体の王墓は大和地域の築造ではないことである。継体以前のヤマト王権の王陵は、どれも大和か河内地域にあり、摂津地域に造られたのは、継体陵しかない。これまでの王陵は、基本的に大和川水系に造営されており、その点でも継体陵（今城塚古墳）だけが例外である（白石太一郎『考古学からみた倭国』）。こうした古墳の立地からみても、継体は仁徳系の血統に直接つながらない新しい王統であったと評価して差しつかえないだろう。

継体天皇の即位

継体天皇は、五〇七年に河内の樟葉《くすは》宮（大阪府枚方市楠葉付近）で即位した（図4−2）。父の本拠地は近江の高島《たかしま》（滋賀県高島市）であり、母の出身地は三国《みくに》の坂中井《さかない》（福井県坂井市）と思われる。『日本書紀』によれば、即位した継体天皇は、山背の筒城《つつき》（京都府綴喜《つづき》郡）、弟国《おとくに》（旧山背国乙訓郡、向日《むこう》市・長岡京市付近）に王宮を遷した後、継体二〇年（本文、異伝は七年）になって、ようやく大和の磐余《いわれ》（旧大和国磯城郡。桜井市付近）に遷都した。『書紀』の本文は継体二〇年のことと伝えるが、異伝である「一本」の継体七年説の方がいいと思われる。

七年説を採るのは、次の理由による。まず字体として、「十」の字と「七」の字は、転写の過程でまちがいやすい。もうひとつの理由は王子宮の所在である。継体にはおそらく最初の妃であった尾張草香《おわりのくさか》の娘目子《めのこ》媛《ひめ》との間に、勾大兄《まがりのおおえ》が生まれている。勾大兄は後の安閑天皇であるが、「勾」は大和地域の地名であり、継体即位後に、王子宮を勾金橋《まがりのかなはし》（橿原市曲川町付近）に営んでいる。尾張氏は尾張国（愛知県）に居住していたと思われるが、継体と尾張氏の娘との間に生まれた子ども（勾大兄）を、勾の地で育てるのは、継体の大和入り以降とする方が説明がつきやすい。すると、大和入りは即位後それほど時間が経たないうちに行なわれたと考える方が妥当だろう。二〇年では、ほかの妃の子どもとの関係からみても難しい。

図 4-2　継体関係地図（宇治市教育委員会『継体王朝の謎』より）

　ともかく、大和の磐余に遷都したのが、七年であれ二〇年であれ、大和入りに要した時間は長かった。そのため、継体天皇の磐余遷都を妨害する勢力があったのではないか、という疑問が生じてくる。ただし、こうした事実関係を、具体的に示す史料はない。どのように捉えるのが、当時の実情に近いのだろうか。

最初に、子どもの勾大兄を取りあげてみよう。勾大兄は、名前からみて大和の勾の地で育てられた。少なくとも、大和で育てることに反対する勢力はいなかった。また、継体天皇の擁立に動いた大伴氏の勢力も大和の地域にあった。こうした状況から大和地域には、継体天皇を支持する勢力がいたことになる。

しかしながら、最終的に磐余に遷都するのに七年ないし二〇年を要したことを配慮すると、大和に継体擁立に反対する勢力があったことを否定することも難しい。全体として、必ずしも歓迎されなかった可能性もある。大和入りをめぐっては、こうした歴史的背景が想定されるが、全面的な対立状況というわけでもなさそうである。

磐余遷都以前、王宮が営まれた場所は、弟国が桂川、筒城は木津川流域であり、ともに淀川水系である。瀬田川を通じ、近江の琵琶湖につながっている。父方が近江出身である継体天皇の王宮の立地としてはふさわしい。またこれらの水系は、難波津を介して、瀬戸内海とつながっている。したがって、この時期の外交課題となる朝鮮半島を見据えた施策を実行する場としては適当である。ただし、旧来の大和川水系とは違い、異色の立地といわねばならない。

表4-1　継体天皇の妃

	名	父	関連地域	備考
1	皇后　手白香皇女	仁　賢		子に欽明天皇
2	元妃　目子媛	尾張連草香	尾　張	子に安閑・宣化天皇
3	稚子媛	〔三尾君角折の妹〕	近江・三尾	記に若比売
4	広　媛	坂田大跨王	近江・坂田	記に黒比売
5	麻績娘子	息長真手王	近江・息長	記に麻組郎女
6	関　媛	茨田連小望	河内・茨田	記に関比売
7	倭　媛	三尾君堅槭	近江・三尾	越の三尾の可能性も
8	荑　媛	和珥臣河内	大和・和珥	記に阿倍之波延比売
9	広　媛	根　王	近江・坂田	記になし

継体天皇の政治的基盤

継体天皇を擁立したのは、父母の出身地である、近江ないし越《こし》（越前）地域を政治的基盤にもつ勢力であったと思われる。これと関係するのが、継体のキサキ（后妃）の出身地である（表4-1）。「記・紀」に書かれた后妃は、手白香《たしらか》以外では近江出身が五人、尾張・河内・大和出身が各一名である。なお、妃の一人の出自である三尾氏は、近江の三尾《みお》（旧近江国高島郡三尾）と関係が強い。これを近江ではなく越とする見解もあるが、仮に越説を採用しても近江出自の妃がいちばん多いことに変わりない。父方の本拠地が近江にあり、周辺の豪族との政略的婚姻を重ねた結果であろう。

あわせていえば、京都府宇治市内にある山背最大の後期古墳である宇治二子塚古墳（全長一一二メートルの前方後円墳）は、今城塚古墳と同形で約三分の二の規模で築造されているという。両者の関連からすると、南山背の勢力も継体擁立に動いた可能性が強い。

さらに継体は、即位前、旧知の河内馬飼首《うまかいのおびと》荒籠《あらこ》から使者の来訪を受け、大伴金村や物部麁鹿火の真意を知る機会を得ていた。河内馬飼首荒籠は、淀川水系につながる河内湖周辺に居住していた、河内馬飼氏の一族であろう。琵琶湖周辺に本拠地をもっていた継体にとって、河内も重要な基盤であったと思われる。後に継体が伽耶に遣わした近江臣毛野の従者として、河内馬飼首御狩《みかり》が渡海しており(継体二三年条)、河内の馬飼は朝鮮半島でも活動した。このように継体天皇にとって、渡来系の河内馬飼氏とのつながりも重要であった。

2　伽耶の盛衰と百済

任那と伽耶

『日本書紀』における継体紀の主要記事は、朝鮮半島との外交関係である。実際に六世紀前半は、「任那」の滅亡という事件があり、倭国の外交は大きく揺れ動くことになった。継体・欽明紀の外交記事は、『書紀』編纂時に亡命百済人によって提出された「百済本記」に基づいており、基本的には信憑性があると評価できる。ここでは、継体朝における任那問題から始めよう。

まず、『日本書紀』にでてくる「任那」という用語から説明しておきたい。「任那」の語は、『書紀』に書かれた、伽耶諸国に対する日本特有の差別的用語と誤解されることがある。しかし、これはまちだっており、すでに紹介した『宋書』倭国伝や高句麗の広開土王碑にもみえ、かつて中国・朝鮮で使われていた固有名詞である。

倭の五王の一人、済が任命された称号は、「使持節、都督倭・新羅・任那・加羅・秦韓・慕韓六国諸軍事、安東将軍、倭国王」であった。その済の前任者の珍が先んじて、「使持節、都督倭・百済・新羅・任那・秦韓・慕韓六国諸軍事、安東大将軍、倭国王」と自称して、宋からの任用を期待していた。しかし珍の時には、宋は朝鮮半島への軍事的支配権を認めず、「安東将軍、倭国王」に任命しただけであった。済も当初は、同じ「安東将軍、倭国王」であったが、四五一年になって、百済を除いた先の称号で倭国王に冊封された。宋と百済とはすでに冊封関係にあり、百済への軍事的支配権は、宋が承認しなかった。ここに任那と加羅が併記されていることから、両者は異なる国名ないし地名を指していることがわかる。任那と加羅を含め、これら朝鮮半島南部の小国群を「伽耶」と呼ぶ。

伽耶の中心地は、南は金官伽耶である。その首長墓地である大成洞《たいせいどう》古墳群は、三世紀中葉に始まり四世紀後葉まで続いた。五世紀中葉になると、北の大伽耶(高霊伽耶が中心)が発展した。鉄の一大産地であり、首長墓は池山洞《ちさんどう》古墳群である。金官伽耶が「任那」、大伽耶(高霊伽耶)が「加羅」と呼ばれていたのだろう。

ところで、広開土王碑の永楽一〇(四〇〇)年条には、「任那加羅の従抜城《じゅうばつじょう》」とある。「従抜城」は特定の城を指すので、「任那」と「加羅」を結びつけて一つの地域とみなす碑の表記は、『宋書』とは異なる用法と考えなければならない。これまで指摘されてきたように、「任（ニム）」の字は朝鮮古語の主君ないし王、「那」は土地・邑落・国家を意味する「ナラ」と同じ意味である。つまり、「主の国」「王の国」という語義となる（金廷鶴『任那と日本』）。したがって、「任那」は「盟主国」ということで、任那加羅は「盟主国である加羅」を意味する。この時期は金官伽耶（加羅）が盟主国であり、従抜城は金海に存在したのだろう。

　ところが、『書紀』では、「任那」の語は伽耶全体を指す。欽明二三年条において、異伝を示す「一本」に、「二十一年に、任那滅ぶといふ。総《すべ》ては任那と言ひ、別《わき》ては加羅国・安羅《あら》国・斯二岐《しにき》国・多羅《たら》国・卒麻《そちま》国・古嵯《こさ》国・子他《した》国・散半下《さんはんげ》国・乞飡《こちさん》国・稔礼《にむれ》国と言ふ、合せて十国なり」とある。この記事では、伽耶諸国の総称として「任那」の用語が使われている。金官伽耶が、伽耶諸国の盟主国であった時代に「任那」と呼ばれたので、やがて伽耶諸国の総称として用いられるようになったかと思われる。

伽耶諸国の縮小と百済

　それでは伽耶諸国と倭との関係は、『日本書紀』にどのように描かれているのであろうか。「此の津（多沙津）は、官家《みやけ》置きてより以来、臣が朝貢《みつきあ》ぐる津渉《つわたり》とす。安《いづくに》ぞ輒《たやす》く改めて隣の国に賜ふこと得む。元封《はじめよさ》したまひし限の地に違《たが》ふ」（継体二三年三月条）、「それ海表の諸蕃、胎中《ほむだ》天皇の、内官家《うちつみやけ》を置きたまひしより、本土を棄てずして、因りて其の地を封させること、良《まこと》に以《ゆゑ》有り」(同四月条)などとみえる。「官家」はミヤケと読むが、ここには「官家を置く」と書かれ、ヤマト王権と関わりのある施設(「ヤケ」)が設置されたかのように記述されている。ただし、こうした施設が実際に置かれたかどうかは不明であり、後述するように、たんに「朝貢国」であったという意味合いが強い。それはともかく、これら『書紀』の記事から、伽耶諸国がヤマト王権に「封」され、また君臣関係で結ばれていたと解釈できる。つまり『書紀』編者は、冊封関係が成立していたと認識していた。興味深いことに、両者間には「任那日本府」は介在しておらず、伽耶諸国とヤマト王権との直接的外交関係として書かれている(後述、一二八頁)。

さて、当時の伽耶は、東の新羅と西の百済から軍事的脅威を受けていた。とりわけ百済は、朝鮮半島の北方に位置した高句麗の南下策によって、南の伽耶方面に進出して行った。五一二(継体六)年一二月、百済使は倭国に上表文を提出し、「上哆唎《おこしたり》・下哆唎《あろしたり》・娑陀《さだ》・牟婁《むろ》の四県」の「任那四県」割譲を要請し、ヤマト王権は、これを受けいれた。『書紀』によれば、「四県割譲」には大連の大伴金村が関与していた。同時に、勾大兄(後の安閑天皇)が割譲に反対したと伝えられている。金村は、この「任那四県」の割譲問題で、五四〇(欽明元)年に失脚したとされるが、ことの発端から失脚まで時間がたちすぎており、この間、ヤマト王権内部で何か政争が起こったようである。

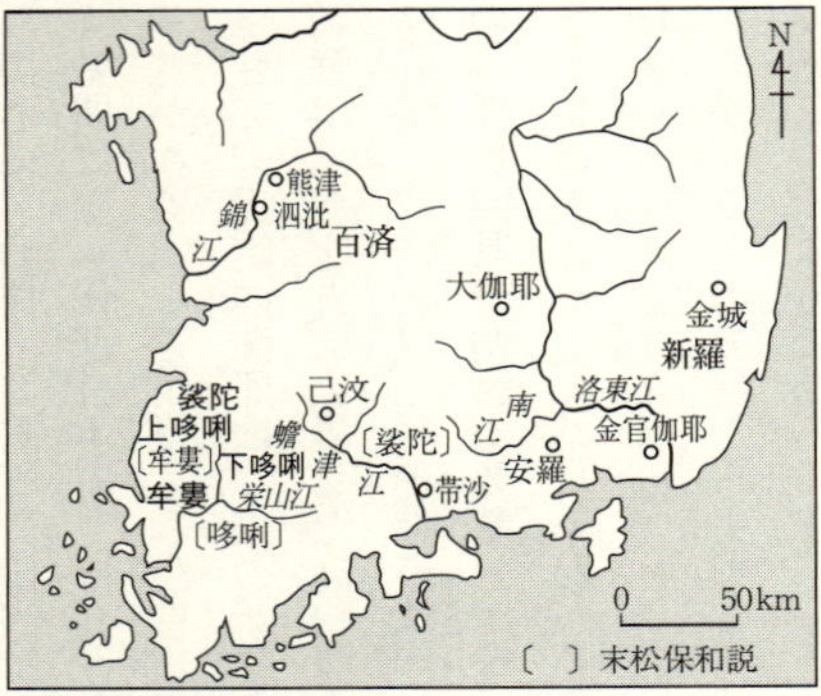

図4-3　朝鮮半島の地図(田中俊明『古代の日本と加耶』より，一部改変)

さらに、百済には、五一三(継体七)年、己汶《こもん》と帯《た》沙《さ》(滞沙)を割譲することになる。なお、名目上は「割譲」となっているが、実質的には百済の領有化の承認である。

この「任那四県」の地理的範囲について、その場所を比定することは難しい。というのは、この四県に関連する地名が残されておらず、推測するしかない。任那研究のパイオニアであった末松保和は、娑陀以外は栄山江流域を中心とする全羅南道の西半部を占める広大な地域に求めた(『任那興亡史』)。最近では、田中俊明が娑陀の場所を変更したが、やはり全羅南道一体に求めている(『古代の日本と加耶』、図4-3)。

ただし、末松らが想定した範囲は必ずしも客観的な根拠があるわけではない。朴天秀は、割譲された「任那四県」と己汶・帯沙が近接していると考えて、ほぼ確定している帯沙(今の河東付近)をもとに蟾津江《せいしんこう》流域の全羅南道東部を想定している(『加耶と倭』)。このように「任那四県」の範囲は、いまだ確定しておらず、今後の研究を見守る必要がある。

表4-2　百済の要請と百済からの上番

	百済からの博士等の上番	百済の要請内容
継体 7(513)	五経博士段楊爾	己汶の地の復旧
10(516)	五経博士漢高安茂(段楊爾の交代)	己汶復旧への謝意
欽明 8(547)	下部東城子言(徳率汶休麻那の交代)	救軍を要請
14(553)	医博士・易博士・暦博士等(交代) 卜書・暦本・種々薬物等の送付	請軍の要請
15(554)	徳率東城子莫古(奈率東城子言の交代),五経博士固徳馬丁安(王柳貴の交代),僧道深等7人(僧曇慧等9人の交代),易博士施徳王道良,暦博士固徳王保孫,医博士奈率王有㥄陀,採薬師施徳潘量豊・固徳丁有陀,楽人施徳三斤・季徳己麻次・季徳進奴・対徳進陀(交代)	救兵の要請

五一三年に、己汶の地の領土化を倭に要請した百済は、同時に五経博士段楊爾《だんように》を献上している。注意すべきことは、百済からの一方的な要請だけではなく、倭国の利益享受と対になっていることである(表4-2)。後述するように、五一六年以降、倭は百済からの軍事的支援の要請に応じながら、五経博士や易博士・暦博士・医博士たちが交替勤務すること(上番《じょうばん》)を百済に求めていた。倭国は「割譲」とひきかえに、百済の文化・思想の輸入を実現し、両国は、双方の利害が一致した外交関係をもっていたのである。

以上のように、継体朝における主要な外交問題は、任那問題と、それをめぐる百済との外交政策であった。その後、「任那復興策」が、外交政策の中心課題となるが、結局その後もヤマト王権が求めるような伽耶の復興は進まなかった。

こうした伽耶の問題に関して、日本の歴史研究者の間では、長らく「任那日本府」の問題として議論されていた。「任那日本府」については、「任那」を日本の植民地のような日本の直轄領であったとみなす説をはじめ、種々の見解が出されてきた。その材料は、『日本書紀』である。

伽耶と「任那日本府」

しかしながら、そもそも「日本」の国号は、制度的には七〇一(大宝元)年の大宝令で定まった。その後に編纂された『日本書紀』には「任那日本府」の記述があるが、六世紀当時は「日本」の国号もないので、「任那日本府」という名称は史実としては存在するはずがない。仮に当時何らかの機構が存在していれば、「任那倭府」がその候補となるだろう。

実は、『書紀』で「任那」は必ずしも植民地のような直轄領として扱われていない。記事が潤色されているので史料批判が必要であるが、『書紀』をもとに考察していけば、次のようになる。

まず『書紀』によれば、「任那日本府」関連の初見記事は、雄略八年二月条(雄略天皇は五世紀後半の天皇)である。ここに「日本府」の言葉がみえるが、ほかは六世紀前半にあたる欽明紀に集中して記載されている。雄略紀の記事は、孤立した内容であり、同時期の史料に基づくとは考えられない。欽明紀の記述は、すでに述べたように「百済本記」に基づいている。「日本」の表記をはじめ潤色が加えられているが、史料批判を加えれば、一定の歴史的事実を抽出することが可能である。「日本府」関連の用語としては、「任那日本府」「安羅日本府」との記述がみえる。なお、関連する記事に、「安羅に在る諸倭臣等」(欽明一五年条)があり、この表記の方が実態に近いかと思われる。

「任那日本府」の構成メンバーとしては、「任那日本府吉備臣」(欽明二年四月条)、「安羅日本府河内直(略)、〈百済本記に云はく、加不至費直《かふちのあたひ》・阿賢移那斯《あけえなし》・佐魯麻都《さろまつ》等といふ〉」(同二年七月条)、「今、的臣《いくは》・吉備臣・河内直ら、みな移那斯《えなし》・麻都《まつ》が指撝《さしまね》くに従へらくのみ。移那斯・麻都、これ小《すこ》しき家の微《いや》しき者なりと雖も、専日本府の政を擅《たくめ》す《ほしきままに》」(同五年三月条)などとみえる。つまり倭人のほか、在地の伽耶諸国の出身者が参加していた。「安羅日本府」とも書かれているので、少なくとも六世紀前半に、「日本府」は安羅(現在の咸安)に所在していたことがわかる。この安羅は、金官伽耶とならんで発展した半島南部の地域である。

「倭府」の任務としては、主に伽耶諸国をめぐる外交交渉に関与していたことが指摘されている(中野高行「『日本書紀』における「任那日本府」像」)。組織体の性格としては、「卿、臣、執事」と表記される役職が存在していたので、機構ないし会議体と評せるだろう。また、『書紀』における「府」の表記が事実だとすれば、衛門府・衛士府などのように、軍事的性格を有していたことになる。雄略八年条にみえる「日本府の行軍元帥等」の記述にも適合するので、「府」が常時設置されていたかどうかは不明だとしても、軍人的人物の存在は認める必要があるだろう。

問題は、倭人がどのようなかたちで、伽耶諸国および百済・新羅に対する外交政策に関与していたかであろう。その枠組みのなかにおける、「任那日本府」の役割が問われるわけである。残念ながら、「任那日本府」の起源を十分に説明できる史料には恵まれない。そこで少し視点を変えてみてみよう。

「任那日本府」とヤマト王権

たとえばこの時期には、百済官僚に登用された倭人系の官人も少なくない。紀臣奈率弥麻沙《きのおみなそちみまさ》は、「紀臣奈率は、けだしこれ紀臣の、韓《から》の婦《をみな》を娶《と》りて生める所、因りて百済に留《とどま》りて、奈率と為れる者なり」(欽明二年七月条)とあり、おそらく百済に派遣された使者(あるいは将軍・兵士など)が、現地の女性(韓婦)と結婚し、その子どもが官僚に採用された事例であろう。

こうした使者は、火葦北国造刑部靫部阿利斯登《ひのあしきたのくにのみやつこおさかべのゆげいありしと》のように、九州の国造クラスにも存在していた。『書紀』に、「檜隈宮御寓《ひのくまのみやにあめのしたしらしめす》天皇の世に、我が君大伴金村大連、国家の奉為《おほみため》に、海表《わたのほか》に使《つかは》しし、火葦北国造刑部靫部阿利斯登の子、臣、達率日羅《だちそちにちら》、天皇の召すと聞きたまへて、恐り畏みて来朝《まうけ》り」(敏達一二年是歳条)とみえることから判明する。『書紀』の記事によれば、朝鮮半島に派遣された火葦北国造(旧肥後国葦北地域の国造)が、韓婦と結婚し、その子の日羅が百済の官僚として勤めている。日羅は国造一族であるとともに、「刑部靫部」(「刑部」は允恭天皇の皇后を資養する部民。火葦北国造が管理する刑部から、「靫負」を徴発してヤマト王権に仕えていたか。「靫負」は武力を有して王権に仕える職掌)を名のるように、本来は都で軍事的任務に就いて大伴金村に仕える、伴造系の氏族であった。しかも、日羅の父が、首長を意味する「阿利斯登」の名前で呼ばれていたことは、現地でも積極的に活躍していたことを伝えている。こうした人物である百済在住の日羅に対し、敏達天皇は使者を派遣して倭に呼び戻し、「任那復興策」を諮ったのである。

すでに述べたように、伽耶地域には、倭人が三世紀から鉄の交易を求めて出かけていた(七〇頁)。六世紀前半には、栄山江流域に倭人が前方後円墳を築造した(一〇六頁)。築造者は、必ずしも倭国の使者とは限らない。しかし、紀臣奈率弥麻沙や火葦北国造刑部靫部阿利斯登の例からみると、現地に残留した倭人や使者らが、現地で外交政策に関与する機会を想定することはまちがいではない。

さらに言うと、日羅は百済に居住していたが、「任那日本府」を構成する「安羅に在る諸倭臣等」は、安羅在住のこうした集団ではなかろうか。このようなメンバー構成と、日羅を召還する際に倭国からわざわざ使者が派遣されていることからも、「任那日本府」はヤマト王権の出先機関ではない、といえそうである。

なお、任那は「海北の弥移居《みやけ》」(欽明一五年一二月条)や「任那官家」(欽明二三年正月条)とも呼称されている。これは、伽耶ないし伽耶諸国を指すミヤケ(官家)の用法であり、特に「任那日本府」を指す言葉ではない。倭国に服属するという「調」を貢納する国として、ミヤケと呼んだのであろう（ミヤケについては後述、一四三頁）。

3　継体没後の新天皇

継体以前の王位継承と大兄制

律令制国家の時代になると、日本国王は天皇、その正妻は皇后である。そして、王位を継承する一人の後継者を皇太子と称することが、大宝令で規定されている。しかし、律令制以前では、こうした皇太子の制度によって、王位継承が行なわれることはなかった。

律令制以前の王位継承は、いったいどのように行なわれていたのか、少し遡ってみてみよう。その手がかりとなる史料が、『古事記』景行天皇段にある。景行の子ども八〇人のうち、若帯《わかたらし》日子《ひこ》命（後の成務天皇）・倭建《やまとたける》命（日本武尊）・五百木之入日子《いおきのいりひこ》命の三人が「太子《ひつぎのみこ》の名を負ひたまふ」とみえる。

この「太子」の記述をめぐっては、本居宣長が太子を日嗣御子と捉え、王位継承者が複数存在していたと解釈した（『古事記伝』）。「太子」には嫡子、つまり長子という意味もあるが、倭建（ヤマトタケル）は第三子、五百木之入日子は第二子であり、嫡子＝長子の意味ではない。宣長がいうように、日嗣御子として、太子が三人いることになる。つまり、制度化されていないこの時期、王位継承候補者が複数いたと考えねばならない。継体以前の王位継承は、こうした状況下にあったと思われる。

この複数候補者の並存と関連するのが、王位継承者間に発生する兄殺しの伝承である。ヤマトタケルには、『古事記』に同母の兄殺しの記述がある。また、ワカタケル(雄略天皇)にも、兄殺しの伝承があるが、「記・紀」ともにワカタケルは第三子であるとする。このように、嫡子(長子)は必ずしも有力な王位候補者ではなく、実力を有する子どもが兄を殺害して即位することもあったようだ。

ところが、継体天皇の即位後には、新しい王位継承の動きがあった。勾大兄にみられる「大兄」制度の誕生である。勾大兄は、先述のように、継体と最初の妃・目子媛との間に生まれた長子で、王位継承と関係する最初の大兄である。その後、厩戸皇子の子山背大兄や中大兄(後の天智天皇)らにも「大兄」の称がひきつがれた。大兄とは、後の天皇ないし天皇たりうべき出生身分の人の長子を意味する。この⑴大兄と、⑵兄弟による継承が、大化前代(大化改新以前の時代)の古代王位継承の原理であったことを指摘したのは、井上光貞であった(「古代の皇太子」)。

こうした王位継承の新制度を、畿外(近江ないし越)から大和に入った継体天皇が創出した。その理由としては、応神天皇から五世も孫の子孫で、皇親としての正統性の薄い継体が、兄弟間の争いがない、より安定的な王位継承の枠組みを制定したと推測できるのではなかろうか。

また、その背景として、五世紀後半から家族共同体の首長（家長）の継承が、父系的で直系的となる傾向や、六世紀前半以降、夫と妻が同一墓になるという家父長制的な動向が生まれたことが関連していることはまちがいない（田中良之『古墳時代親族構造の研究』）。

ただし、大兄の制度で王位継承の争いが無くなるわけではない。一夫多妻のもとでは、后妃ごとに複数の大兄が存在するわけで、依然、即位をめぐって常に政争が起きる可能性がある。こうした矛盾から、特定の長子を「太子（皇太子）」として処遇する制度が生まれるべくして生まれることになろう。それは六世紀後半のことになる。

いずれにせよ、継体が創出した大兄制は、新たな王位継承の仕組みであり、天皇史のなかで画期的な制度であった。そして、大兄制は中大兄が即位した七世紀第3四半期まで、歴史的な命脈を保ったのである。

新天皇の選任と群臣の地位

次に、複数の王位継承者のなかから、どのようにして一人の天皇を選ぶのか、この問題を考えてみたい。大化前代の新帝即位にあたっては、天皇没後に群臣が新しい天皇を推挙するという手続きがあった。たとえば、推古女帝の没後には、田村皇子（後の舒明天皇）と山背大兄が有力な候補者であり、群臣の意見が分かれ、大臣の蘇我蝦夷《えみし》の主導で田村皇子が即位している。候補者が決まれば、群臣が鏡・剣などのレガリアを献上して、新天皇が即位する。

新天皇が即位すると、たとえば清寧《せいねい》天皇の場合、「大伴室屋《むろや》大連を以て大連とし、平群真鳥《へぐりのまとりの》大臣を以て大臣とすること、並に故《もと》の如し。臣・連・伴造等、各職位の依《まま》につかへまつる」（清寧元年正月条）とあるように、大連・大臣や伴造などの群臣が任命されている。大連・大臣は再任と明記されているが、「物部弓削守屋大連を以て大連とすること、故の如し。蘇我馬子宿禰を以て大臣とす」（敏達元年四月条）とみえるように、新しい任用もある。たとえ天皇を推挙した群臣といえども、任用を確認する手続きが必要であった。

このように群臣は新天皇を推挙し、新天皇から群臣が再任または新任されるというプロセスが存在した。つまり、新天皇は群臣の意向で決まるが、即位後、群臣は天皇から任命される必要があった。任命権者の天皇と群臣との人格的・身分的関係が強く、両者の依存関係を認めねばならない。後の律令制下の官人制では、天皇が替わっても左・右大臣、大納言などの群臣の地位は変化しない。当時の群臣の任命は、律令法とは明白に原理を異にしていたのである。

継体天皇の没年と王位継承

このように、継体天皇は大兄という新しい王位継承の仕組みをつくりだしたが、実際の王位継承がどのように行なわれたか、史料からはすんなりと追うことができない。その理由は、継体の没年に異伝があるばかりか、『日本書紀』自体の記述に矛盾があるからである。いわゆる「譲位と空位」の謎ということになるが、まずこの問題を説明していこう。

継体の没年記事は、継体二五年二月丁未《ていび》条に、「天皇、磐余玉穂宮に崩《かむあが》りましむ」とある。しかし、安閑即位前紀の同日条には「男大迹《をほど》天皇、大兄を立てて天皇としたまふ。即日に、男大迹天皇崩りましむ」とあり、勾大兄に「譲位」して、その日に没すると書かれている。つまり、少なくとも継体の生存中に安閑が即位したことになる。ところが、その没年時にもかかわらず、安閑元年条には安閑即位年が甲寅《こういん》年とされる。この年は、継体二八(五三四)年である。つまり、生存中に譲位して即位したという記述にもかかわらず、二年の「空白」の後に即位したことになる。継体紀と安閑紀には、このように明白な矛盾がある。

ここには、何らかの政治的意図が働いており、客観的にみれば「譲位」ということで、勾大兄の即位が強調されている。こうしたフィクションと大兄制の開始とは、密接な関係があると推測される。少なくとも事実上、「譲位」として記されていることは、安閑即位を権威づける役目を担っている。ちなみに日本の天皇制の歴史で、はじめて行なわれた明確な在任中の譲位は、大化改新における皇極から孝徳天皇への譲位である。それまでは、没後の王位継承であった。

そもそも継体の没年は表4-3にあるように異伝が多く、その年次を必ずしも確定できない。『書紀』本文は「百済本記」に基づいて「辛亥《しんがい》」年の継体二五(五三一)年を没年とする。この「百済本記」は、辛亥年に「日本の天皇と太子・皇子、倶に崩薨《かむあが》りましぬときけり」という伝

表 4-3　継体・欽明朝年表

西暦	干支	書紀紀年	帝説・縁起	喜田貞吉説		記　事
525	乙巳	継体19		継体19		
6	丙午	20		20		紀—磐余に遷都
7	丁未	21		21		記—継体没，紀—筑紫君磐井の反乱
8	戊申	22		22		紀—磐井斬殺
9	己酉	23		23		
530	庚戌	24		24		
1	辛亥	25	(即位)	25没	(即位)	百済本記—天皇・太子・皇子没
2	壬子		欽明元		欽明元	
3	癸丑		2		2	
4	甲寅	安閑元	3	安閑元	3	紀或本—継体没，武蔵国造の争い
535	乙卯	2	4	2没	4	記—安閑没，紀—屯倉の設置
6	丙辰	宣化元	5	宣化元	5	
7	丁巳	2	6	2	6	
8	戊午	3	7	3	7	帝説・縁起—仏教公伝
9	己未	4	8	4没	8	
540	庚申	欽明元	9		9	紀—大伴金村失脚
1	辛酉	2	10		10	紀—「任那復興」協議
2	壬戌	3	11		11	
3	癸亥	4	12		12	
4	甲子	5	13		13	紀—「任那復興」協議
545	乙丑	6	14		14	
6	丙寅	7	15		15	
7	丁卯	8	16		16	
8	戊辰	9	17		17	
9	己巳	10	18		18	
550	庚午	11	19		19	
1	辛未	12	20		20	
2	壬申	13	21		21	紀—仏経公伝

記=古事記　紀=日本書紀　帝説=上宮聖徳法王帝説　縁起=元興寺伽藍縁起

聞記事を記している。天皇と太子が没したという記事が事実であれば、何か政治的事件が発生したかもしれない。政変を考える研究者は、それを「辛亥の変」と呼んでいる。一方、『書紀』の没年には別伝があり、「或本」は「甲寅」の継体二八(五三四)年とする。この場合は、安閑までの「空位」が無くなる利点がある。

しかしながら、『古事記』は『書紀』両説とも異なり、没年は「丁未」年にあたる継体二一(五二七)年。『書紀』編者も、この丁未に死亡したという説を知っていたようで、本文では継体二五年二月丁未に没したことにしている。つまり、年とは違い、日の問題として処理したのである。このように継体の没年は三説の異伝が存在するが、伝聞記事が含まれており、事実関係を確定するのは難しい。

継体没後の即位問題

「百済本記」は、五三一年に天皇と太子が一度に死亡したと書くが、実はこの時期にはまだ天皇や太子の制度は成立していない。太子は勾大兄を指す可能性はあるが、『日本書紀』では勾大兄たる安閑の在位期間が二年あり、「百済本記」の記述はまちがった情報か、誤解に基づくものではなかろうか。

ところで、『上宮聖徳法王帝説《じょうぐうしょうとくほうおうていせつ》』(以下、『法王帝説』と略す。聖徳太子の伝記で、一一世紀半ば以前に最終的に成立)と『元興寺《がんごうじ》伽藍縁起《がらんえんぎ》并《ならびに》流記資財帳《るきしざいちょう》』(元興寺の縁起と資財を記した文書。七四七年成立)は『書紀』紀年と異なり、欽明天皇の即位を辛亥年の五三一年とし、翌年を欽明元年とする。両書による欽明朝の紀年は、仏教公伝の年紀における五三八年説と五五二年説の存在など、様々に影響を与えている。

継体が五三一年に没し、欽明が五三二年に即位していれば、安閑・宣化天皇が治世する期間はない。喜田貞吉は、『書紀』と『法王帝説』の記述を史実として認め、安閑と欽明が同時期に即位したという「二朝並列説」を提起した。さらに林屋辰三郎は、西の磐井《いわい》の反乱や東の武蔵国造の地位をめぐる争いなどの列島の争乱を重視し、こうした争いの結果、全国的にミヤケ（屯倉）が設置されたと考えた。そして、「百済本記」に基づき「辛亥の変」を想定し、喜田の「二朝並列説」を発展させ、六世紀前半に安閑・宣化と欽明天皇による「内乱」が起こったとする説を提起した。しかし、紀年問題から二王朝説を立てるのは推測の域をでない。さらに、各地の争いやミヤケの設置は、ヤマト王権の支配の浸透を物語るものの、二朝並立とは直接的には関係しない。

また、継体天皇没後の葬制儀礼をみれば、「内乱」状態は想定しがたい。継体天皇陵は、先述のように、大阪府高槻市にある今城塚古墳である。この古墳は宮内庁によって陵墓の指定がなく、実際の天皇陵であるにもかかわらず、発掘調査が行なわれている。二重周壕をもつ前方後円墳で、総長三五〇メートル。その北側の内堤中央の張り出し部分から、埴輪祭祀場が発見されている（図４－４）。この祭祀場は、東西六五メートル、南北一〇メートルの規模をもつ。

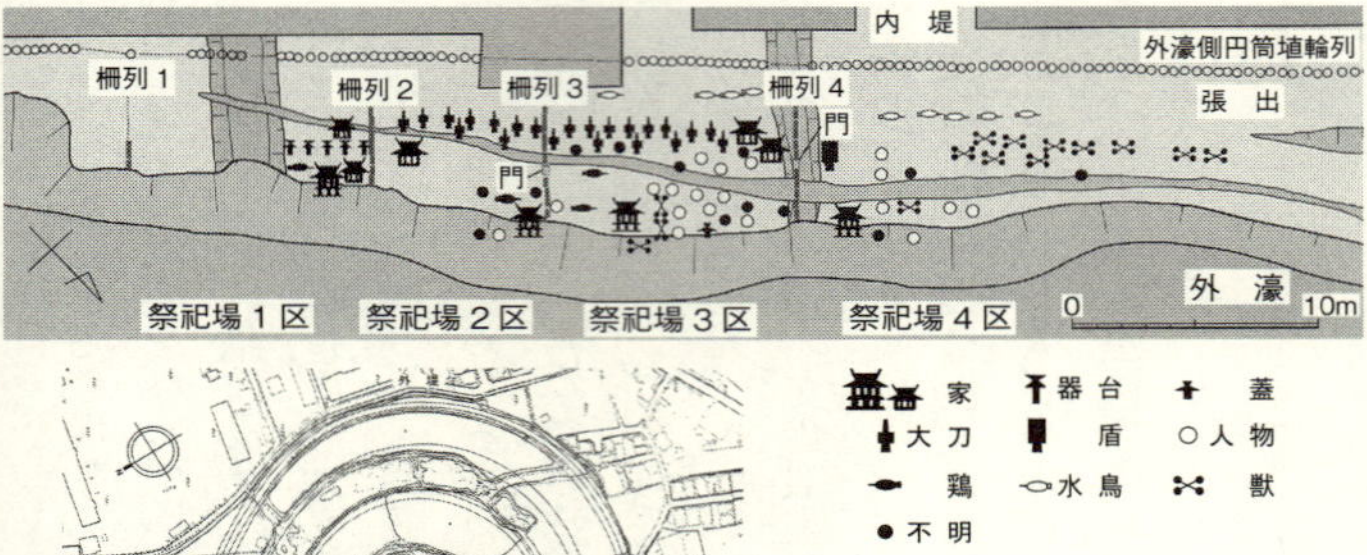

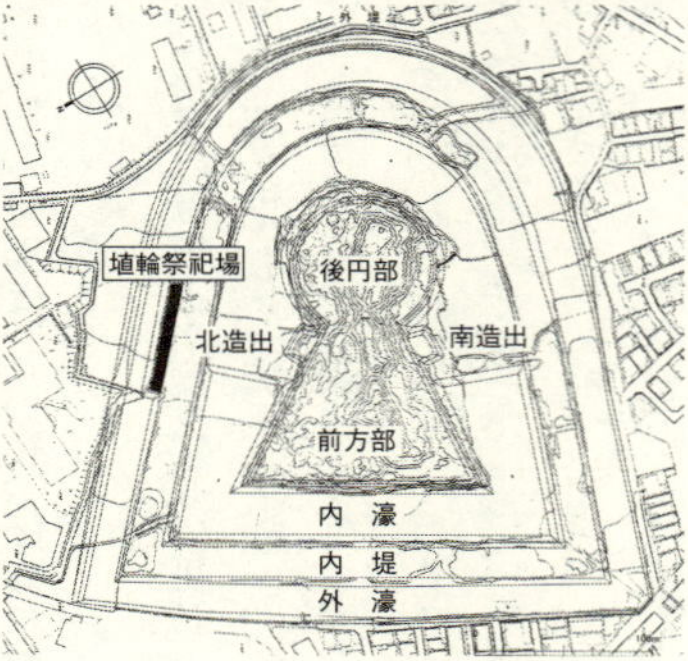

図 4-4　今城塚古墳埴輪祭祀場

柵列があり、四区画に分かれている。そこから巫女《ふじょ》・武人・力士・鷹飼《たかかい》らの人物埴輪、水鳥・鶏・獣などの動物埴輪、そして建物など一三六個体以上の埴輪がみつかっている（高槻市立しろあと歴史館『発掘された埴輪群と今城塚古墳』）。この埴輪祭祀が殯宮《ひんきゅう》儀礼を再現しているのか、王位継承儀礼を示しているのか、議論が分かれている。しかし少なくとも、継体没後、祭祀は厳粛に行なわれたと推測され、埴輪は近くの新池窯跡《しんいけかまあと》でつくられたことが判明している。殯宮儀礼の状況からみて、没後に、争乱が起こった状況ではない。

以上のように考えを進めると、紀年の問題が残るものの、継体没後に、安閑天皇の即位を想定するのがいちばん自然かと思われる。

4 地方の反乱と国造制

磐井の反乱

継体天皇紀には外交関係の記述が多いが、その末年に、伽耶問題とも関連して起こった事件が、筑紫君磐井の反乱である。継体天皇は、新羅に併呑された「南加羅(金官伽耶)・喙己呑《とくことん》」の復興をはかるため、近江毛野《けな》を六万人の兵士らと伽耶に派遣した(『日本書紀』継体二一年六月条)。

これに対し、筑紫と火の国・豊の国(九州島の北部)に勢力を張っていた豪族筑紫君磐井は、進路妨害をそそのかす新羅から「貨賂《まいない》(賄)」を受け、反乱を起こした。政治的には、ヤマト王権の対外政策に反旗をひるがえしたことになる。『書紀』には、「外は海路を邀《た》へて、高麗・百済・新羅・任那等の国の年《としごと》に職《みつきもの》貢る船を誘《わかつ》り致し」とみえ、高句麗・百済・新羅・任那の朝貢品を横領したとみえる。毎年、朝貢品があったかどうかには疑問があるが、ヤマト王権の国際関係を遮断した事実は読み取ることができる。この時期には、九州の大豪族が新羅などと政治的に結びついて、中央に対抗することもできたのである。

磐井は毛野に対し、「今こそ使者たれ、昔は吾が伴《ともだち》として、肩摩《す》り肘触《す》りつつ、共器《おなじけ》にして同食《ものくら》ひき。安《いずく》ぞ率爾《にはか》に使となりて、余《われ》をして儞《い》が前に自伏《したが》はしめむ」と述べて、戦いに入ったという。中央に出仕していた磐井には、使者の毛野とは対等の関係だという意識があり、反抗心が相乗して、たとえ天皇の政治的意思であっても承諾することができなかったのであろう。ただし、ヤマト王権の首長（天皇）と同等だと主張したわけではない。

この磐井の反乱は一年以上におよび、中央から派遣された大将軍物部麁鹿火《あらかひ》が磐井の軍と交戦し、翌年になって磐井を斬殺して鎮圧した。磐井の子葛子《くずこ》は、連坐して殺害されることを恐れ、贖罪《しょくざい》として後述する「糟屋屯倉《かすやのみやけ》」を献上した。その後の葛子の消息は不明であるが、殺害の記述がないので、死罪は免れたものと思われる。近江毛野も、鎮圧した翌年に伽耶に渡海したが、「任那（伽耶）復興」は実現できなかった。翌々年、召還される帰路、対馬で病死したという。

なお、一三世紀後半に成立した『釈日本紀』に引用されている「筑後国風土記」逸文によれば、磐井の墓は生存中に築造されたという（寿陵）。ここでは、磐井は豊前上膳《ぶぜんかみあがた》（旧豊前国上毛郡、福岡県筑上郡南部）に逃げて死亡したと伝える。あたかも判官びいきのような記述である。また、磐井が政務をとる場所には「衙頭《がとう》」（政所）と呼ぶ別区があり、裁判が行なわれていた。別区には石人《せきじん》・石馬《せきば》等が置かれていたが、乱後に破壊されたという。このように国造の磐井は、地域の裁判権を有していた。この磐井の墓は、福岡県八女《やめ》市の岩戸山古墳に比定されている。北九州では最大級の前方後円墳である。
ところで、この糟屋屯倉は、福岡県の博多湾に面する旧筑前国糟屋郡（現福岡県糟屋郡の地）に存在する。この屯倉（ミヤケ）の言葉について、『日本書紀』には「屯倉」と書かれているが、『古事記』『風土記』などには「屯宅・屯家・御宅」などとも記されており、各種の表記がみられる。ミヤケとは、「ミ（御）」と「ヤケ（宅）」からなる。「ミ」がつくことで、特別な意味をもたされた宅（ヤケ。建造物、施設）となる。大化前代の社会では、ヤマト王権によって設置された「ヤケ」を意味する。具体的にいえば、種々の目的をもって建てられた、ヤマト王権の政治的・軍事的拠点である（舘野和己「ヤマト王権の列島支配」）。ヤマト王権の支配強化に対して反抗した磐井であったが、その結果は皮肉にも糟屋屯倉をヤマト王権の政治的拠点として差し出す羽目になった。さらに、五三六（宣化元）年には、博多湾沿いの港である那津（旧筑前国那珂《なか》郡三宅郷）に、ヤマト王権の施設である「官家（ミヤケ）」が設置された。那津は、かつて三世紀に奴国があった地域であり、このミヤケは外交施設と考えられる。こうしてヤマト王権は筑紫への政治的支配を強めるとともに、国際関係への統率を強化していったのだ。

武蔵国造の争い

ついで五三四（安閑元）年には、武蔵国造笠原直《かさはらのあたい》使主《おみ》が国造の地位を同族の小杵《おき》と争うという事件が起こった。国造位をねらった小杵は、上毛野《かみつけの》国造と思われる上毛野小熊《おくま》に支援を求め、使主の殺害をはかった。使主は都にのぼって事情を説明した

表4-4 『日本書紀』安閑2年5月条屯倉記事

筑　紫	穂波屯倉・鎌屯倉
豊　国	塍碕《みさき》屯倉・桑原屯倉・肝等《かと》屯倉・大抜《おおぬく》屯倉・我鹿《あか》屯倉
火　国	春日部屯倉
播磨国	越部《こしべ》屯倉・牛鹿《うしか》屯倉
備後国	後城《しつき》屯倉・多禰《たね》屯倉・来履《くくつ》屯倉・葉稚《はわか》屯倉・河音《かわと》屯倉
婀娜《あな》国	胆殖《いにえ》屯倉・胆年部《いとしべ》屯倉
阿波国	春日部屯倉
紀　国	経湍《ふせ》屯倉・河辺屯倉
丹波国	蘇斯岐《そしき》屯倉
近江国	葦浦屯倉
尾張国	間敷《ましき》屯倉・入鹿《いるか》屯倉
上毛野国	緑野《みどの》屯倉
駿河国	稚贄《わかにえ》屯倉

結果、朝廷は使主を国造に任じ、小杵を殺害した。国造に就任した使主は、武蔵の横渟《よこぬ》(旧武蔵国横見郡の地か)・橘花《たちばな》(旧武蔵国橘樹郡)・多氷《おおひ》(旧武蔵国多摩郡か)・倉樔《くらす》(旧武蔵国久良郡か)の四カ所の屯倉を朝廷に献上した。これらの屯倉は、ヤマト王権の東国支配の拠点として、大きな役割を担うことになった。

ところで、『日本書紀』安閑二年五月条には、九州の筑紫から始まり、東国の駿河・上毛野諸国までの地域に、屯倉が設置された記述がある(表4-4)。ここにみられる屯倉は、必ずしも安閑二年に、一度に設置されたわけではない。磐井の反乱が起こった継体天皇の後半から、安閑・宣化天皇にかけての時期に設けられた屯倉がまとめて記述されたに違いない。屯倉は、武蔵国造の地位をめぐる争いなど、さまざまな政治的事件の結果、朝廷に献上された。おそらく、ヤマト王権は各地の豪族が関与した政争を利用しながら、列島各地に屯倉を設定していったのであろう。

また、屯倉設置の記事に続き、諸国に犬養部《いぬかいべ》が設けられた（安閑二年八月条、五三五年か）。この犬養部は、屯倉の管理に関係する犬を扱った部民の可能性が強い。この前後に、全国的に屯倉が設置され、整備されたのであろう。

国造による地域支配

さて、武蔵国造の争いにみられるように、六世紀前半には各地の在地首長のなかから、国造が誕生していたと思われる。その事情を明確にする史料には恵まれないので、後世の記述から考察することになる。七世紀前半の日本列島を描写した『隋書』倭国伝に、「軍尼《くに》一百二十人あり、なお中国の牧宰のごとし。八十戸に一伊尼翼《いなぎ》を置く、今の里長の如きなり。十伊尼翼は一軍尼に属す」とみえる。軍尼は「国」のことでここでは国造、伊尼翼は伊尼冀の誤りで「稲置」を指す。国造と、その下部に稲置の役職があり、地域支配を担っていた。「倭国伝」に書かれているように行政組織が整備されていたとは考えられないが、七世紀初頭までに国造と稲置が存在していた。

また、七世紀半ば、大化の改新後の「東国等国司の詔」には、「郡司」（この当時は、評という組織の官人であった）の任官にあたって、本人が「国造・伴造・県稲置」の地位にあり、「官家（ミヤケ）」を保有していたことが要求されている（『日本書紀』大化元年八月条）。これらの記述から、ヤマト王権の地域支配機構として、国造・県稲置が存在したことは明らかである。

国造は、「くにのみやつこ」と読むが、学界では「こくぞう」と音読している。国造の数は、「倭国伝」によれば一二〇前後である。「国造本紀」(『先代旧事本紀』巻一〇)には、国造数を一三五とするので、その数はほぼ一致する。

県稲置の「県」は、古訓にあるように「コホリ」である。この「コホリ」の県は、『隋書』倭国伝のほかに『書紀』成務五年九月条に「国郡に造長を立て、県邑に稲置を置つ《た》」とあるように、国造の支配地域の下位に設置されたと推定される。国─県制という二段階の行政組織である。ただし、県にはコホリのほかに、「アガタ」の読みもある。アガタ(県)は「大和六県」など、朝廷との結びつきが強い行政単位であり、コホリ(県)以前から存在していた可能性もあるが、詳らかにできない。それはともかく、一般的な地域支配組織として国造と県稲置が設置され、両者を通じて支配が行なわれていたことはまちがいなかろう。

この国造制の支配の仕組みについては、かつて石母田正が、六世紀から大化改新までを国造法の時期として捉え、仮説を提起したことがある(『日本の古代国家』)。国造法とは、在地首長制を背景とする国造が支配した時代の法制であり、ここから国造制の支配構造を知ることができる。

石母田は国造法の主要な内容として、国造が⑴裁判権または刑罰権、⑵軍役を含む徴税権、

(3)勧農を核とする行政権、(4)祭祀権の権限を有していたと考えた。この仮説は、国造制支配を理解するうえで重要な指摘であり、議論の出発点になる。国造が、当時の水稲稲作を基軸とする生業と祭祀を支配の要としていたことは、当然のことであろう。すでに述べたように磐井は裁判権を保持しており、また火葦北国造刑部靫部阿利斯登は軍役の徴発を行なっていた。国造が裁判権と徴税権とを保持していたことは、十分に想定が可能である。

なお、『延喜式』臨時祭式の寿詞《じゅし》条によれば、出雲国造は、中央で国造に任命される前後に潔斎《けっさい》(酒食などを謹んで、心身を清めること)するほか、重刑の処罰や校田(田地の調査)と班田(田地の班給)を行なうことが停止されていた。勧農権と関連する校田や班田を停止させるのは、国造が本来的に校田・班田の権限を有していたことと関連しているからであろう(吉村「律令制的班田制の歴史的前提について」)。つまり、国造は水田の支給を伴うような、田地の編成権をもっていた可能性がある。

「国主」から「国造」へ

さて、国造に任命されるまでは、在地首長とはどのような存在であったのだろうか。国造の前身は、「国主(クニヌシ)」であろう。「はじめに」でもふれたが、『古事記』神代で活躍する「大国主神《おほくにぬしのかみ》」の名前が有名である。大国主とは「偉大な(大)国の主」のことであるが、ほかに多くの名前をもっている。たとえば、「大穴牟遅《おほあなむぢ》神」「葦原色許男《あしはらしこを》神」「八千矛《やちほこ》神」「宇都志国玉《うつしくにたま》神」などである。こうした別の名称が多いことは、各地にいた国主が地域独自の名称をもっていたからである。

このように種々の名前で呼ばれていたが、一般的名称としては国の首長としての「国主」であり、ヤマト王権に政治的に従属し、「国造」の地位に任命されたことになる。そのプロセスは、国主が支配していた「領土」をヤマト王権に献上することであり、具体的には「国譲り」の行為として表われる。『古事記』には、大国主神の国譲り神話が語られているが、これは国主が領土をヤマト王権に譲渡する神話的表現と捉えることができる。こうした神話を背景にもちながら、現実の政治世界で象徴的に挙行されるのが、出雲国造による国造補任《ぶにん》儀礼である。『延喜式』に詳しく書かれているが、出雲国造は就任にあたり、列島各地に存在した国造をいわば代表した儀礼を執り行なうのである。ヤマト王権としては、国造を補任する儀礼となるが、出雲国造は代表者として振る舞った。こうした国造の任命は、六世紀前半には行なわれていたであろう。

すでに述べたように、『書紀』大化元(六四五)年八月条の「東国等国司の詔」では、「郡司」、つまり郡(評)の官人になろうとする首長は、代々「国造・伴造・県稲置」として、ヤマト王権の「官家(ミヤケ)」を領《あずか》り、「郡県」を治めていた人物であった。「郡県」は中国的な行政名であるが、一定地域の領域支配を行なっていたことを示唆している。つまり、大化前代の国造などの地位に就いていた在地首長は、その支配地域にヤマト王権の建造物を設置した。それがヤマト王権のミヤケとされ、「我が祖《おや》の時より、此の官家を領かり、是の郡県を治む」(同条)というように、国造自身にも意識させられていた。

こうしたミヤケの設置を通じて、在地首長はヤマト王権に服属し、国造などに任命されて、ヤマト王権の地域支配を担っていくのであった。

第五章　仏教の伝来と蘇我氏

1　欽明朝の成立と蘇我氏

継体天皇没後、『日本書紀』では安閑・宣化天皇の二代が続く。二朝並立や「内乱」はなかったものの、このあたりの『書紀』は記述が混乱し、矛盾していることはまちがいない。欽明天皇は、『書紀』紀年では宣化没後の西暦五三九年、『上宮聖徳法王帝説』では五三二年に即位した。欽明は、父親の継体が即位の正統性を強めるため結婚した、仁賢天皇の娘手白香《たしらか》との間に生まれた子どもであり、『書紀』は「嫡子」と表記している。

欽明天皇と蘇我氏

即位をめぐり、欽明天皇は「余《おのれ》、幼年《としわか》く識浅《さとりすくな》くして、未だ政事《まつりごと》に閑《なら》はず」(欽明即位前紀)との理由から、安閑の皇后春日山田皇女《かすがのやまだ》を推すが、皇后は辞退する。ただし、この欽明の口実には疑問がある。

継体の治世は、短く見る『古事記』で一九年、長く見る『日本書紀』の或本では二八年である。九年の違いがある。さらに遅れて結婚した可能性もある。とはいえ、『書紀』では、継体と手白香の結婚は継体元年とされる。また、安閑の治世二年と、宣化の治世四年を加えると六年となる。つまり、若く見積もっても、欽明の即位は二十代になろう。

また、欽明の享年には、六二歳（『一代要記』）、六三歳（『皇年代略記』）などの説があるが、いずれも鎌倉時代以降の書物であり、不確かである。しかし欽明の治世は三二年であるから、これもまた、二十代での即位をうかがわせる。けっして幼年ではない。欽明が一度辞退したことを記すのは、おそらく謙譲の意味をもたせ、有徳の天皇であることを示したものだろう。

欽明は即位後、大伴金村と物部尾輿《おこし》を大連、蘇我稲目《いなめ》を大臣に再任する。欽明朝の頃から、大連・大臣の職務が明確になってくる。ここで、大連と大臣について少し説明しておきたい。

大連は、連系氏族の最高執政官で、大臣は臣系の最高執政官である。大臣・大連制は、臣・連などのカバネが形成された五世紀末以降、おそらく六世紀前半に整備された制度であろう。

連系氏族は、大伴・物部・中臣《なかとみ》・忌部《いむべ》などの部《べ》（部の制度については後述）を管轄している、伴造《とものみやつこ》の氏《うじ》である。この伴造氏は、王に仕え奉る（仕奉《しぶ》）自らの職掌（部の名前で表わす）を氏の名として負う、「名負いの氏」である。たとえば中臣氏は、神と人との中を執りもつ祭祀に関与する中臣・中臣部を管轄する氏族で、地域の中臣部を管掌する地方伴造の中臣氏を通じ、各地の中臣・中臣部を管轄する。このような中央・地方の伴造による部民制の組織化が進行し、王権の構造に組み込まれていくことによって、ヤマト王権の専制的性格が進展していくことになる。

一方の臣系は、蘇我・巨勢《こせ》・平群《へぐり》などのように地名を氏の名とする。その地域の代表的氏族である。臣系氏族の特徴は、建内《たけうちの》（武内）宿禰《すくね》の系譜につながっていることである（表5－1、

表5-1　臣系氏族(『古事記』孝元天皇段)

(1)	波多八代宿禰《はたのやしろ》(波多臣・林臣・波美臣・星川臣・淡海臣・長谷部君)
(2)	許勢小柄宿禰《こせのおから》(許勢臣・雀部《さざきべ》臣・軽部臣)
(3)	蘇賀《そが》石河宿禰(蘇我臣・川辺臣・田中臣・高向臣・小治田臣・桜井臣・岸田臣)
(4)	平群都久《へぐりのつく》宿禰(平群臣・佐和良臣・馬御樴《うまみくひ》連)
(5)	木角《きのつぬ》宿禰(木臣・都奴《つぬ》臣・坂本臣)
(6)	久米能摩伊刀比売《くめのまいとひめ》
(7)	怒能伊呂比売《ののいろひめ》
(8)	葛城長江曾都毗古《ながえのそつびこ》(玉手臣・的《いくは》臣・生江臣・阿芸那《あぎな》臣)
(9)	若子《わくご》宿禰(江野財臣)

『古事記』孝元天皇段)。

この建内宿禰は、成務天皇から始まり、仲哀・応神・仁徳天皇に至る四代にわたり、大臣として仕奉《しぶ》したという伝承をもつ。こうした建内宿禰の系譜につながることによって、代々ヤマト王権に仕奉しているという、臣系氏族の性格を主張したと思われる。

なお、大伴氏と物部氏は、継体の時代から大連とみえるが、蘇我稲目は宣化天皇から登場する。大連や大臣の地位が、制度的に定まった時期は六世紀前半と思われるが、蘇我氏が欽明朝に頭角を現したこと、また同じ頃に伴造制の仕組みが整っていったことはまちがいない。『書紀』によれば欽明朝では、五四〇(欽明元)年に伽耶問題で大伴氏が失脚する。さらに、物部氏本宗家《ほんそうけ》も五八七(用明二)年に蘇我氏に滅ぼされ、蘇我氏だけが勢力を伸ばしていくことになる。

蘇我氏の出自と系譜　蘇我氏の本宗家は、七世紀の歴史を動かす大豪族である。最初に大臣として活躍するのは、稲目であろう。初見は『日本書紀』宣化元年条に、大臣に任命される記事がある。欽明朝に大臣に再任されるが、実質的に大臣として政治的影響力を行使していくのはここからであろう。

蘇我氏の系譜は、『尊卑分脈《そんぴぶんみゃく》』を参照すると、

蘇我満智《まち》 ― 韓子《からこ》 ― 高麗《こま》 ― 稲目 ― 馬子 ― 蝦夷 ― 入鹿《いるか》

となる。稲目から突然活躍するわけではないだろうから、満智・韓子・高麗たちは実在した可能性がある。韓子や高麗など、朝鮮半島と関係の深い名前が特徴であるが、半島に対する憧憬から命名されたのだろう。馬子・蝦夷・入鹿などの名前も、猛々しく強く生きる願望と関係していよう。

蘇我氏は建内宿禰を祖とし、本拠地は大和国高市《たけち》郡曾我（現橿原市曾我町）で、河内国石川郡に別荘があった。稲目以前の名前とも関連するが、東漢《やまとのあや》氏や秦《はた》氏らの渡来系氏族と関係が深く、仏教の摂取に積極的な、開明的な氏族であった。したがって、排仏派の物部尾輿や中臣鎌子らと争ったが、これは宗教の受容を理由にした、氏族間の戦いでもあった。また、渡来系の人材を活用して、白猪《しらい》屯倉などの経営に文字を活用するなど、実務にも秀でていた（後述）。

稲目は娘の堅塩《きたし》媛《ひめ》と小姉君《おあねのきみ》を欽明の妃とし、堅塩媛の子・大兄皇子（後の用明天皇）と額田部《ぬかたべ》

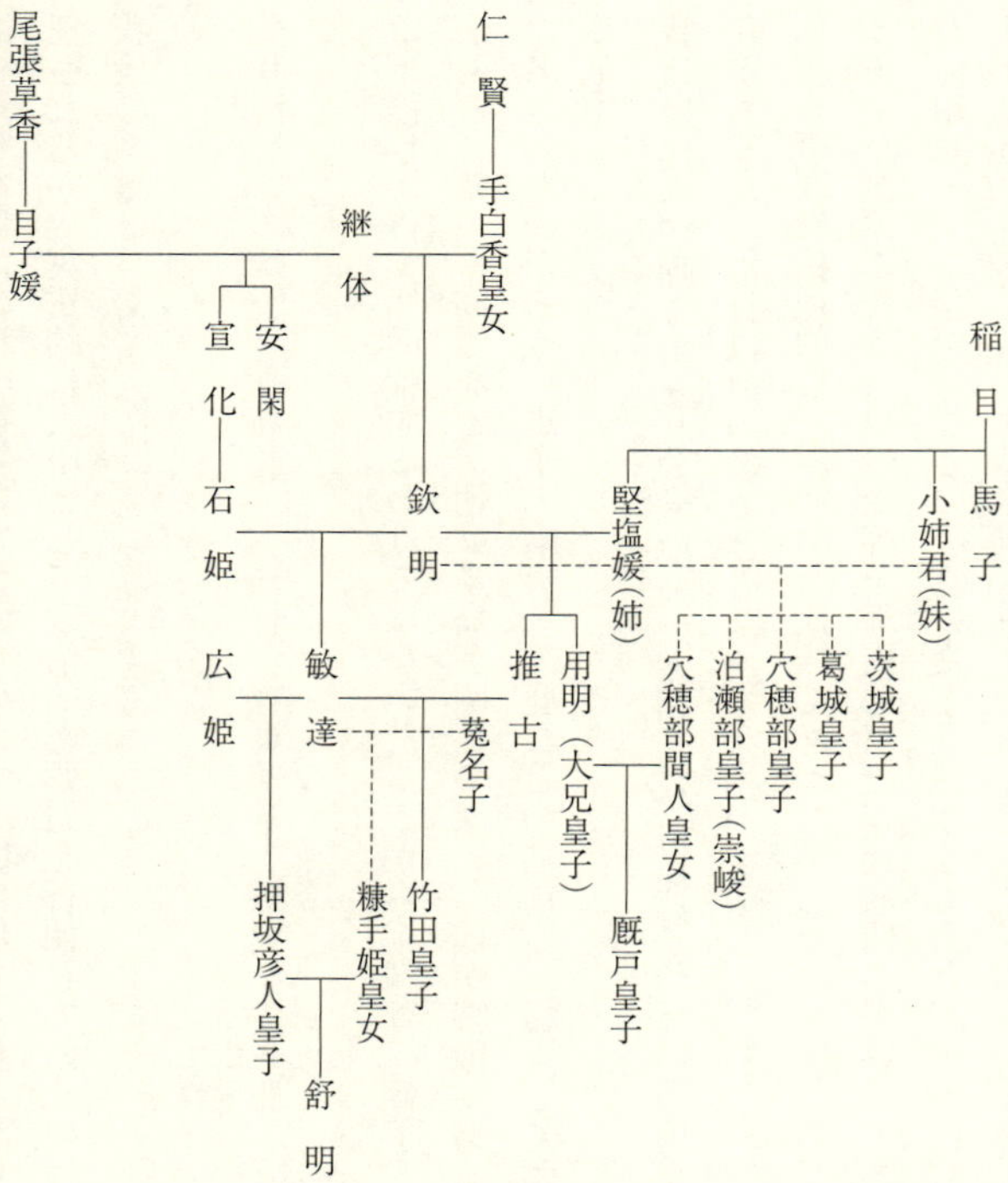

図5-1　欽明天皇と蘇我氏

皇女（後の推古天皇）、小姉君の子・泊瀬部《はつせべ》皇子（後の崇峻天皇）が天皇位についている（図５－１）。つまり、蘇我氏は天皇の外戚の地位にあって、政治的影響力を行使していった。ここにはすでに、奈良時代の藤原氏と同じような政治的意図がみえる。

こうした蘇我氏と欽明天皇との結びつきは、大伴氏と継体天皇との結びつきと比較してみるとよくわかる。継体は大伴氏の主導で即位し、尾張氏の娘・目子媛との間に生まれた長男・勾大兄を後継者にした。安閑天皇である。また安閑没後は、次男の檜隈高田《ひのくまのたかだ》皇子を即位させて、宣化天皇とした。その結果、尾張氏腹の二人の天皇が即位した。こうした結果、継体が正統性を求めて結婚した仁賢天皇の娘の子である欽明と、継体に続く天皇家との関係が疎遠になってきた。そのため、欽明は新興氏族である蘇我氏に接近して、その娘を妃に迎えたのであろう（熊谷公男「蘇我氏の登場」）。欽明は、稲目の娘である堅塩媛・小姉君姉妹と結婚し、蘇我氏との強いきずなを結んでいったのである。後に、馬子は崇峻天皇を暗殺するが、新たに即位した推古女帝以降は、蘇我氏の全盛期を迎えることになる。

蘇我氏と吉備の屯倉

ここでは、蘇我氏が欽明朝において発展させた吉備《きび》の白猪屯倉（備前《びぜん》・備中《びっちゅう》・美作《みまさか》等に設置された）などについて取りあげたい。『日本書紀』には、大臣稲目らを吉備に遣わして白猪屯倉と児島《こじま》屯倉（児島屯倉には、津と客館の施設があった）を設置する記述がある（欽明一六年七月・一七年七月条）。

白猪屯倉は農業経営のための拠点と想定されるが、屯倉に付置されている田地の農耕に従事する耕作民を、田部《たべ》という部民として編成した。そして、名籍《なのふみた》(文板のことで、ふだ。木簡状の木製品の名簿か)に田部の名前を記入し、その名簿を使って各人から租税を負担させるような仕組みをつくった。ところが、十数年が経過し、名簿に漏れている者が多くなり、租税を課す名簿としては機能しなくなった。そこで、新たに年齢等を加えて戸別に編成した田戸《たべ》として掌握するようにし、それを新しい屯倉経営の管理方式としたのであろう。その監督にあたったのが、渡来系移住民の白猪胆津《いつ》であった(欽明三〇年条)。このように蘇我氏は、屯倉の耕作者を名簿で管理するような近代的仕組みを導入した。また、敏達三年(五七四)条には、馬子大臣を白猪屯倉に派遣して、屯倉を拡充し田部を増加させたとの記事もみえる。

『書紀』の記述によれば、蘇我氏は新たな屯倉管理を通して、ヤマト王権の財政基盤の拡大・強化に努めていったのである。こうした蘇我氏の方策は、『古語拾遺《こごしゅうい》』の伝承にも記されている。雄略天皇条に「更に大蔵を立てて、蘇我麻智(満智)宿禰をして三蔵(斎蔵《いみくら》・内蔵《うちくら》・大蔵《おおくら》)を検校《けんぎょう》せしめ、秦氏をして其の物を出納せしめ、東西の文氏をして、其の簿を勘へ録さしむ」と書かれている。この話は、渡来系移住民の秦氏の伝承から書かれたものであろう。その伝承において、蘇我満智の活躍ぶりが伝えられている。この蘇我氏の活動については、雄略朝という時代設定には疑問があるとしても、蔵(倉)を管理したという伝承には信憑性があるだろう。

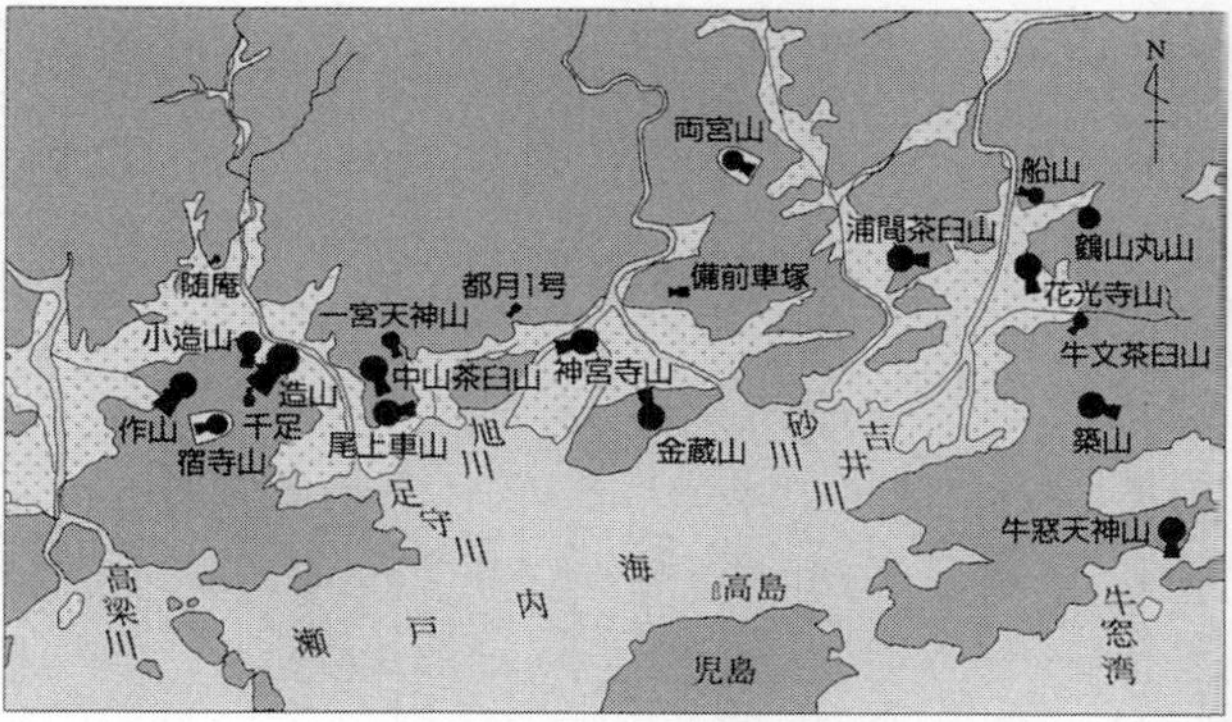

図 5-2　岡山県南部の古墳

蘇我氏が、渡来系移住民の秦氏や、文筆に秀でた東・西の文氏を用いて、出納や帳簿管理を行なったという伝承は事実と思われる。白猪屯倉の管理も、こうした渡来系文人の登用と関係していたのである。

もともと吉備地域には、五世紀第1四半期に造山古墳（墳長約三六〇メートルで、全国四位であるが、同時期最大の石津丘古墳（履中陵古墳）とほぼ同規模。岡山市）、五世紀半ばには作山古墳（墳長約二八六メートルで、全国九位。総社市）が造営されていた（図5-2、『岡山県史』）。

ところが、『書紀』には吉備地域に三つの反乱伝承がある。(1)吉備下道臣前津屋《さきつや》（雄略七年八月条）と(2)吉備上道臣田狭《たさ》（雄略七年是歳条）の反乱伝承は、雄略天皇への抵抗を意味する。また、(3)星川皇子の乱（清寧即位前紀）は、雄略没後の王位をめぐる争いである。これらが雄略前後の反乱伝承であるかどうか、正直にいえば不明である。しかし、巨大な前方後円墳の築造後の伝承であり、時期的にはそれほどの錯誤がない。その後、五世紀末以降の吉備地域には、大型古墳は急速にみられなくなる。しかも、のちの吉備では、武蔵国造のような一国規模の大国造ではなく、九人の国造が立てられる。こうした吉備地域に、蘇我氏主導で屯倉が設置されたのである。吉備の大豪族の発展を抑制し、ヤマト王権の支配を強化していくためであろう。

この吉備は、筑紫とともに瀬戸内海から朝鮮半島への海上交通の重要ルートにあたる。児島(今、岡山市・玉野市付近か。当時は陸続きの半島ではなく、島であった)には、宿泊施設が設けられており(敏達一二年是歳条)、海上交通だけではなく、政治的拠点の意味ももっていた(狩野久「白猪屯倉と蘇我氏」)。近年の研究では、吉備に屯倉が設置されて以降、製鉄遺跡が多くなることが判明し、鉄生産が盛んになったことがわかっている。このように、蘇我氏は中小の渡来系の氏族を従えて、新たな生産への取り組みを始め、さらに屯倉経営を近代化していったのである。

2　大伴氏と物部氏

氏の名

本書では、すでに第四章で継体天皇を立てた豪族として大伴氏、筑紫君磐井の反乱を鎮圧した物部氏を登場させた。しかし、継体朝の初めから大伴・物部という氏

（ウヂ）の名が存在していたかどうか、まだ確実な証拠は見つかっていない。

大伴や物部の名称は、部民制と関連する氏の名であるが、本書では部民制や氏の成立については説明せずに、氏族名として使ってきた。その理由としては、部民制の成立時期が必ずしも明らかでないこと、また『日本書紀』の古い時期の記述は、後世の知識から文章が潤色されており、史実かどうかには疑問があることが挙げられる。したがって、厳密にいえば、氏姓《しせい》制度が成立していない時期の氏族名称は、それぞれの祖にあたる氏族集団の名として便宜的に使ってきたことになる。最初に、氏の成立問題から述べておこう。

すでにみてきたように、「魏志倭人伝」などの中国正史にみえる卑弥呼・狗古智卑狗《くこちひこ》らの人物名を除くと、列島の同時代史料による実在した人物名は、五世紀の獲加多支鹵・意富比垝・乎獲居などである。いずれも一字の漢字音を利用した漢字仮名（仮借《かしゃ》）で書かれている。これは斯鬼《しき》宮などの地名も同じこと。また、『宋書』倭国伝によれば、対宋外交の必要から、倭国王は「倭」を中国的姓として名のり、「讃」「珍」という中国風の個人名を使ってきた。「倭」の名称は、国名の「倭」であり、「讃」「珍」の名は倭国における個人名を意訳して名のっていた。こうした「倭讃」などの姓名は、音読したと推測される。倭国における「氏（ウヂ）」は、部民制の成立と関連しているが、この時期には部民制がないので、中国的な「姓（せい）」の語を使用しておくが、五世紀に「姓」を有したのは、倭国王一族と渡来系移住民であり、在来系の住人にはまだ「姓」がなかった。

『書紀』において、四世紀末に活躍したと想定されているのが、「葛城襲津彦《かずらきのそつびこ》」である。しかし、これは『書紀』の表記であるが、記述のもとになった「百済記」には「沙至比垝」としか記されていない。百済の史料においても、中国の正史と同様に、倭人の名前は仮借で表記された。事実関係からいえば、中国で行なわれた表記が朝鮮半島を経由して、列島にもたらされたことになろう。その後、倭国の言語表記において「比垝」を「彦」と表わすことが可能になった時点以降、「襲津彦」と書かれ、地名の葛城を「氏」の名として表記したのだろう。ここでの「葛城」は、中国の姓を模した日本的な氏族名称として用いられているので、「氏」と呼ぶことにしたい。

ところで、和歌山県橋本市所在の隅田《すだ》八幡神社所蔵の人物画像鏡は、氏の成立過程の問題を考えるうえで貴重な史料である。「癸未《きび》年」(五〇三)の紀年をもつ、日本列島で製作された仿製《ぼうせい》鏡《きょう》であるが、残念ながら出土地は不明である。銘文には「意柴沙加《おしさか》宮」の宮名のほか、「日十大王」「斯麻《しま》」の人名(「日十」については問題が残る)がみえる。仿製鏡であることからみて、これらは列島に居住する人物名と思われ、漢字仮名の表記が用いられている。「日十大王」の訓みは難しいが、「斯麻」は「しま」である。

検討の対象は、この鏡に刻まれた「開中費直穢人今州利」の語句である。「穢」は朝鮮半島の地名をさすだろう。この考えでいけば、「開中費直」と「穢人今州利」(穢人の今州利という人物か)という二人の人物の名と推測される。「開中費直」は、『書紀』が引用する「百済本記」の「加不至費直《かふちのあたひ》」(欽明二年七月条。『書紀』本文では「河内直」)と同族の可能性が強く、のちの「河内直」に関係する氏族名であろう。百済系の移住民の可能性が強く、「開中」を氏の名、「費直」をカバネとみてもかまわないと思われる。ただし、「大伴宿禰家持」の名称のように、明白に氏(大伴)・カバネ(宿禰。漢字では「姓」とも表記する)・個人名(家持)という構成には、まだなっていない。「開中費直」全体が、氏の名の可能性も否定できないが、いまだ過渡的な時期の名称とも考えられる。後述するように、氏とカバネを記した確実な事例は、島根県松江市岡田山一号墳出土の鉄剣銘の「額田部《ぬかたべ》臣」であり、六世紀前半と想定される。

「額田部臣」の例からみると、氏名や部民制は六世紀半ばの欽明朝には成立していただろう。なお、「中臣氏系図(大中臣本系帳)」には、中臣常磐大連が「磯城《しき》島宮御宇天国押開広庭《あめくにおしはらきひろにわ》天皇之世」(欽明朝)に「中臣連姓」を賜ったとある。しかし、九〇六(延喜六)年に作成された大中臣本系帳には信憑性に疑問があり、すぐには従えない。

部民制とは

五世紀のヤマト王権は、第三章で述べたように、杖刀人などの人制《ひとせい》という職能集団を組織して、王権に必要な社会的分業組織を編成していた。その後の日本列島では、物部・忌部や大伴などの部民の制度(部民制)が出現し、新たな社会的分業の役割を担っ

ていくことになる。この部民は、形式的に分類すると、

(1) 王や王族に仕えまつる「名代《なしろ》・子代《こしろ》」(白髪部《しらか》・穴穂部・小長谷部等)

(2) 王権を維持する職務の社会的分業を担う「職業部」(物部・大伴・中臣等)

(3) 豪族が所有する「部曲《かきべ》」(蘇我部・中臣部・巨勢部等)

の三種類になる。いずれもヤマト王権を構成する職能集団として、部民制は社会的分業の一翼を担っていく。

(1)は、王の妃や子どもを資養する(生活を営むための財政的基礎を調達する)部を含み、王宮・王子宮・妃宮の名前にちなむ名称が多い。史料のうえでは、「天皇(清寧天皇)、子無きことを恨みたまひて、乃《すなは》ち大伴室屋大連を諸国に遣して、白髪部舎人《とねり》・白髪部膳夫《かしはで》・白髪部靫負を置く」(清寧二年二月条)というように記載されている。各地に白髪部という「べ(部)」の集団を設定し、舎人・膳夫・靫負という職務を担う「トモ(伴)」を王宮に出仕させ、そのトモを資養する諸物資を供出させる。舎人は、王宮(王子宮等を含める)などで雑務に従事するとともに、王・王子を護衛する。膳夫は王宮の食事をまかない、靫《ゆき》(背中に弓矢を入れる武具)を負って武力で警備するのが靫負である。中央にいる伴造(トモノミヤツコ。各地のトモ・べを管轄する氏族)の白髪部が、地域の伴造(べ集団の管轄者)の白髪部を介して、「トモ」と「べ」を管理する。

(2)の場合、典型的には職掌名を負った氏名に関する職務を行なう。たとえば中臣は、既述し

たように、「神と人(君)との口を執り持つ」職務の祭祀に関連する諸業務を分担する「べ」である。大伴は「伴(トモ)」として仕え奉るトモ集団を統率する氏族であり、物部は各地の物産品である「物(モノ)」を奉る集団を統率する氏族である(詳しくは後述する)。

(3)は、各豪族に隷属する人間集団としての「べ」であり、蘇我部は蘇我氏に従属する民、中臣部は中臣氏に隷属する。

こうした「トモ―べ」からなる部民制の出現時期を示す、直接の史料はまだ見つかっていない。上限となる状況証拠は、五世紀における金錯銘鉄剣などになるが、これらの金石文には「部」に関する文字はなく、「杖刀人」などの人制に関する文字が記されているだけである。ただし、この人制の段階で、部の前提となる王や王族に対する人格的依存関係は形成されていた。先述のように金錯銘鉄剣には、ヲワケは「(王の)世々、杖刀人の首と為り、奉事し来り今に至る」とあり、オホヒコ以来、杖刀人として奉事(仕奉)してきた根源が書かれている。この人制の段階では系譜によって職掌の継承が示されるが、その職掌名が氏の名に負わされる時(たとえば丈部や建部など)が、部民制の起源となる。

確実な「部」の同時代史料は、先述した島根県岡田山一号墳出土の鉄剣銘の「額田部臣」である(図5-3)。

ここには、「額田部」という部の名称(名代・子代)と「臣」のカバネ(姓)が記入されている。

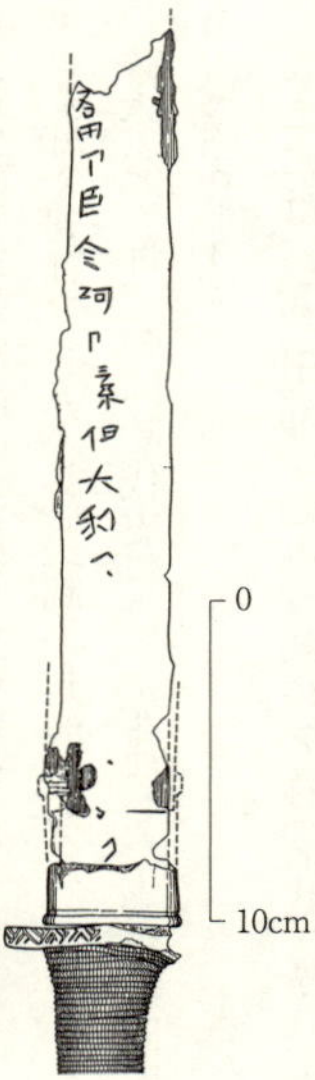

図5-3　岡田山一号墳鉄剣の銘文実測図

この古墳は前方後方墳であり、六世紀半ばから後半の築造とされる。したがって、部やカバネは六世紀前半には成立していたと思われる。おそらく百済などの朝鮮半島諸国の部制の影響を受け、五世紀末から六世紀前半に成立したのであろう。この部民制は、大化改新で基本的に廃止されるまで続いていく。

部民の特徴とその表記

次に、部民制とそれ以前の人制とを比較しておきたい。人制の場合、ヲワケは金錯銘鉄剣に「左治天下」と書かれている。東国から出仕し、王宮(斯鬼宮)において、杖刀人の首長(杖刀人首)としてワカタケルの天下統治を助けたのであろう。こうした上番型が一般的かどうかは不明であるが、少なくとも王宮では、上番型の首長を含む職能集団を抱えていた。

一方、部民制は百済の影響が強い。部民制は中央の伴造が、在地首長である地方の伴造を介して、設定された部(べ)を統率する。たとえば中臣の場合、中央の中臣連氏が、地域の中臣連・中臣氏を通じて、在地の中臣や中臣部を支配する構造である。こうした各レベルの中臣を序列化し、氏の秩序を表示するのがカバネとなる。

さて、部民の典型は、(2)の「職業部」である。大伴氏は、部民の大伴を統率する、連姓(カバネ)の伴造氏である。トモ(伴)は、中央に出仕して王に近侍し、王宮の警備など軍事的な面でヤマト王権に仕奉することが主務で、トモは「ツカヘマツル(仕え奉る)」ことに本質がある。一方の物部氏は、部民の物部を統率する伴造氏で、連姓(カバネ)である。物部の「物」は、精霊・霊魂などを意味する物(魂)と考えられており、武器などの物品を貢納(奉ること)し、管理する。したがって、軍事・警察や刑罰、そして神事をつかさどる。両者とも、王に仕奉する職掌を氏の名に負う、名負いの氏である。

また、表記の点でも人制と部民制とでは注目すべき違いがある。人制では、「杖刀人」などは漢語を用いた表記であった。漢語表記の人制は、中国の制度との何らかの関係が想定される。ところが、部民の名称は、基本的に日本語の語順に従った表記である。人制と部民制で共通する職掌をみてみよう。人制の「養鳥人」「典馬(人)」について、部民制での表記は、それぞれ「鳥を養(飼)う部」(鳥養部)、「馬を飼う部」(馬飼部)というふうに、目的語をあげて動詞を用い、助詞などの補助語を省いた日本語順の表記になる。しかも、鳥・馬などの読みは訓読である。これまで、日本語表記史ではなかなか注目されてこなかったが、訓読を交えた日本語表記が行なわれたことは画期的である。部民が百済の部制と関係が強いということからみれば、こうした日本語順の表記や訓読には、百済での表記法の経験が想定され、百済系移住民の影響も軽視できない。

臣系と連系の氏族

この物部・大伴・中臣氏のように、職掌を氏名にもって王権に仕奉するのが、連系の名負いの氏である。そして、平群・巨勢・蘇我氏らのように、地域名を氏名とする臣系の氏族が一方に存在する。『日本書紀』の宣命に「臣・連・伴造・国造」とみえる臣・連である。氏の本質は、名負いの氏に典型的に現われるが、とどのつまり王権から賜与された氏の名に表わされる職掌をもって、氏名を名のるかぎり、王に仕奉するという人格的依存関係で結ばれる点にある。

こうした特徴は、奈良時代にも続き、たとえば大伴家持の「族《やから》を喩《さと》し歌」には、

(前略)空言《むなこと》も(嘘にも)　祖《おや》の名絶つな　大伴の　氏と名に負へる　ますらをの伴

と歌われる(『万葉集』四四六五番歌)。大伴を氏の名として名のる以上、大伴の名にふさわしい職務を勤めねばならなかったのである。

つまり、王権と仕奉関係を持つことによって、氏を名のることができた。氏は個人の意思で名のるような性格ではなく、王権との政治的関係を結んで名のるということになる。したがって、氏は政治的組織とも位置づけることができる。このうち連系の氏は、ヤマト王権の分業を

担う部民の統率に関連する氏族であり、王権と直接的な関係が深い。これに対して臣系の氏族は、それぞれの地域名を名のる在地首長であり、ヤマト王権を構成するメンバーであった。かつては連合的性格が強かったものと思われる。

このように臣系の氏族と連系の氏族が存在したが、既述したように、臣系氏族の最高執政官が大臣であり、連系の最高執政官が大連となる。奈良盆地では、興味深いことに、平群・巨勢氏ら地名に基づく臣系の氏族は、どちらかといえば盆地西側をその勢力範囲にしていた。一方、大伴・物部・中臣ら連系の伴造氏族は、盆地東側の山側が地域的拠点になっている（六〇頁、図2-5参照）。

以上みてきたように、カバネ（姓）は氏の政治的地位・序列を示した、それまで使用されてきた尊称の類が、氏を秩序づけるカバネとして機能するようになったのだ。氏姓の賜与や改定は王権固有の権限であり、氏姓を保有する民は「王民」と呼ばれるようになる。大化前代には、各種のカバネが存在したが、六八四（天武一三）年に、真人《まひと》・朝臣・宿禰・忌寸《いみき》・道師《みちのし》・臣・連・稲置という八種類の姓からなる「八色《やくさ》の姓」が制定される。真人は、主に継体天皇以降にみえる皇子の後裔にあたる皇親氏族、朝臣はもと臣姓、宿禰はもと連姓、忌寸はもと連姓をもつ有力氏族に与えられた。

ところで、氏姓制成立の前と後では、倭国王の列島支配の方式に重大な変化がある。氏姓制が形成されていない五世紀には、倭国王自身が「倭」(倭国の国名)を姓《せい》として名のり、対宋外交を行なった。日本の王族が姓を有した唯一の時期にあたる。この時期、まだ在地系の人々には姓がなく、渡来系の移住民を除き、倭国王とその一族だけが有姓者であった。

その後、倭国王は国内で氏・姓(カバネ)を与えて氏姓秩序を構築する一方、自らは氏も姓も保有しなくなった。つまり、倭国王は氏姓の秩序を超越した存在になった。こうした枠組みは、律令制国家でも同じであり、官人・百姓の良民が有姓者で、天皇一族と賤(五色の賤)は無姓者という構造につながった。近代になって、賤は有姓者となったが、今日でも天皇一族には氏名がない。氏姓秩序が形成されて以降、氏姓を賜与し、変更することは国王(天皇)固有の権限になった。姓の有無で良民か賤に区別されるため、身分制の歴史において大きな意味を有するようになる。

氏姓と古墳の政治的秩序

次に、こうした氏姓制と前方後円墳の秩序とを比較しておこう。倭国王は、プレ・ヤマト王権の前方後円墳祭祀を継承し、ヤマト王権のもとで自ら巨大な前方後円墳を築造した。この前方後円墳の政治的秩序では、倭国王が自ら古墳築造の主として、その秩序の内部に位置したのである。したがって、前方後円墳(時に前方後方墳)などの古墳の墳型や規模が、一定の政治的意味をもっていた（図5－4）。宮内庁が陵墓や陵墓参考地を管理しているため、調査が進んでいない今日の時点では、倭国王を含め、古墳の被葬者を決めることは難しい。しかし、巨大な前方後円墳が王墓である可能性は強い。

前方後円墳時代の、後期における最大規模の前方後円墳は、五条野丸山古墳（見瀬丸山古墳）である。墳丘長は三一八メートルの規模を誇り、全長二八メートルの横穴式石室をもつ。この

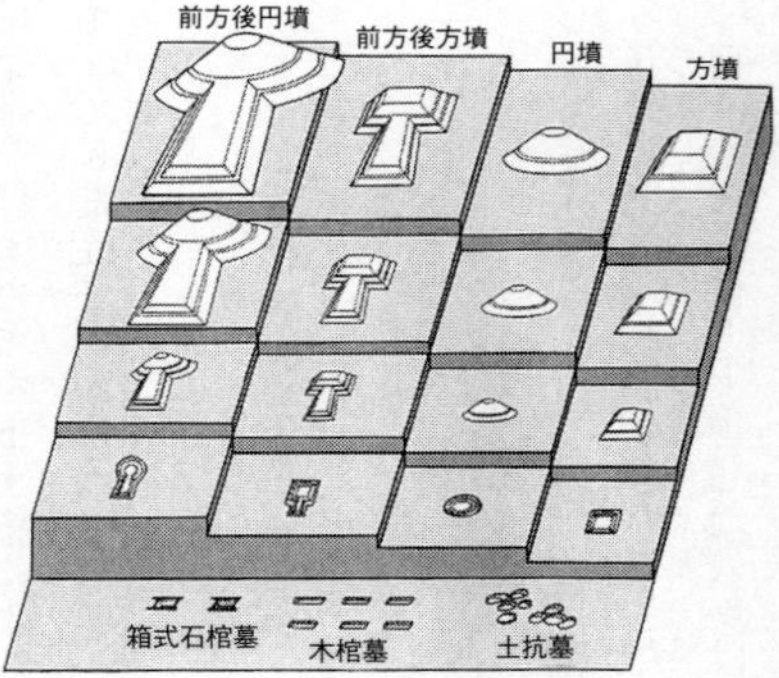

図5-4　古墳の墳型（都出比呂志『古代国家の胎動』）

古墳の被葬者は、ほぼまちがいなく欽明天皇である（宮内庁指定の欽明陵である平田梅山古墳には疑問点が多い）。次の敏達天皇の王墓も前方後円墳であるが、河内磯長《しなが》に営まれる。その後の用明・推古天皇の王墓は、最終的に方墳であり、やはり河内磯長に築造される。

五条野丸山古墳が、欽明の生存中に築造された寿陵であるかどうかは確認できない。しかし、この前後から前方後円墳による政治的秩序が変化していくことになる。外部的な要因のひとつとして、氏姓制の成立も推測できる。またそれ以上に、前方後円墳

の築造を伴ったヤマト王権による祭祀が、「仏教公伝」による仏教思想によって変化することも十分に想定されるだろう。

3　仏教の伝来と受容

百済と倭国

仏教は、百済からもたらされた。この時期の百済と倭国との関係は、「百済本記」などに基づいた『日本書紀』継体紀と欽明紀に記載されている（一三七頁、表4-3）。すでに述べたように、倭国は百済の軍事的協力と領土保全の要請に応えながら、百済から五経博士らの上番を求めてきた。

百済から交代で上番した人々は、宗教・思想的分野では儒教の五経博士と仏教の僧、文化・学術的分野では、易博士・暦博士・医博士・採薬師・楽人たちであった。ここで注意したいのは、五経博士の段楊爾（継体七年六月条）・王柳貴・馬丁安、易博士の王道良、暦博士の王保孫、採薬師の潘量豊・丁有陀ら（欽明一五年二月条）の「段・王・馬・潘・丁」などの姓《せい》の名称である。これらの姓からみると、彼らは中国南朝・梁の文化人であった（末松保和、前掲）。

かつて漢江下流域の漢山城（ソウル付近）において興隆した百済は、高句麗の南進によって、錦江上流の熊津城《ゆうしん》（四七五年。忠清南道公州）、同中流域の泗沘城《しひ》（五三八年。同扶余）に遷都を余儀なくされた。しかし、北方に位置した楽浪郡・帯方郡との交流が長く、中国文化の影響が強かった。

百済の国王は、武寧王が五二一年に、聖明王が五二四年に、梁の皇帝から「百済王」として冊封されている。五四一(大同七)年には、梁に使者を遣わして貢納物の「方物」を献じ、見返りに「涅槃《ねはん》等経義・毛詩博士、竝《ならびに》工匠・画師等」を要請している(『梁書』諸夷伝)。

このように百済は梁と文化的交流をもち、仏教や儒教の移入に積極的な関心をもっていた。五二三年に没した武寧王の王墓は、蓮華文の磚《せん》(レンガ)を基にして玄室が築造されており、仏教文化の影響が強い。磚築墓と呼ばれ、南朝の墓制を受け入れたものである(大韓民国文化財管理局『武寧王陵』)。倭国は、梁と関係の深い百済を介して、中国の南朝文化を受け入れたのである。

一方、百済は北方の高句麗との対抗上、倭国に軍事的な支援を求めていた。当初は、百済の己汶の地の併合をめぐる伴跛《はへ》国との戦いもみられたが(継体七年・八年条)、その後は「救の軍を乞ふ」(欽明八年四月条)、「救の兵を求請けて」(同一三年条)、「軍兵を乞す」「請す所の軍」(同一四年正月・六月条)、「救の兵を乞ふ」(同一五年二月条)というように、兵士の派遣を要請する内容であった。列島の文明化を要望する倭国と、軍事的支援を願う百済の利害が一致し、双方の要求にそって外交関係が行なわれたのである。

仏教の伝来と神

こうした国際交流のさなか、百済の聖明王が仏教を正式に倭国に伝えた(仏教公伝)。『日本書紀』は欽明一三年(五五二)一〇月条に、「釈迦仏の金銅像一軀・幡蓋《はたきぬがさ》若干・経論若干巻を献《たてまつ》る」と記す。しかし、『上宮聖徳法王帝説』の紀年は戊午《ぼご》年(欽明七年、五三八)で、「仏像・経教・僧等を度し奉る」となる。また、『元興寺伽藍縁起并流記資財帳』には、欽明七年戊午に「太子像、灌仏之器、説仏起書」が贈られたという。

仏教の伝来については、このように五三八年説と五五二年説がある。欽明朝に伝来したことにはまちがいないが、その年次を確定するのは難しい。

しかし、この仏教伝来に際し、仏像が贈られたことは認めていいだろう。『書紀』によれば、欽明天皇は「西蕃の献れる仏の相貌《かほ》端厳《きらぎら》し。全《もは》ら未だ曾て有《あら》ず。礼《ゐやま》ふべきや不《いな》や」と、群臣を呼んで対応を問いただした。大臣の蘇我稲目が賛同したのに対し、ほかの群臣は反対したという。『書紀』は、大連の物部尾輿と中臣鎌子の名をあげる。その結果、欽明は、仏教受容の意思を表明した蘇我氏側に仏像を与えた。やがて、稲目は向原《むくはら》の家(後、明日香村の豊浦)を寺にしたという。この時は「疫病」が流行したという理由で、仏像は難波堀江に棄てられ、寺は焼亡されたという。

仏教伝来以前、人々はどのような宗教的意識をもっていたのであろうか。『書紀』には、「神道」という言葉が登場する。「神道を軽《あなづ》りたまふ」という例として、孝徳天皇が行なった「生国魂社の樹を斮《き》りたまふ類、是なり」(『書紀』孝徳即位前紀)との行為があげられている。当時の「社」の字は、「もり(森林)」の意味が重要であり、木を伐採したことが、神の侮辱を意味するといった内容であった。「神道」の語が使用されたのは、こうした脈絡においてである。体系的な教義はなく、天神地祇に対する信仰で、神に対する祭祀が中心ではなかったか。

振りかえってみるに、「魏志倭人伝」には、「宮室・楼観・城柵、厳かに設け」たとあるが、「神殿」の記載がない。しかし、卑弥呼は鬼道に事《つか》えていたとあるので、「祭殿」的施設は存在していたであろう。現在のところ、考古学の発掘調査では、古墳時代における神殿と確かめられる建造物は発見されていない。当時の信仰として想定されるのは、磐座《いわくら》信仰(神が降臨する石《いわ》で、神の座として信仰された)であり、「もり(社)」を含めて、自然神に対する信仰心が強かった。

仏教伝来に際して贈られた仏像は、「蕃神《ばんしん》」として受けとめられた。在来の「国神」と同じ「神」の扱いである。また、その仏像の相貌は「端厳《きらぎら》し」と書かれた。自然神に対する信仰を抱いていた人々にとって、人の形をした金銅ないし極彩色の仏像は、文字どおり「端厳し」と意識されたのであろう。

仏教受容と群臣

ところで、次の敏達天皇は、「仏法を信《う》けたまはずして、文史を愛《この》みたまふ」(即位前紀)と『書紀』にみえ、仏教受容には否定的であった。しかし、百済に派遣した大別王《おおわけ》や難波吉士木蓮子《いたび》らを通じ、百済国王から敏達に、「経論若干巻、并て律

師・禅師・比丘尼《びくに》・呪禁師・造仏工・造寺工、六人」（敏達六年一一月条）、「弥勒《みろく》石像一軀」「仏像一軀」（同一三年九月条）が贈られた。

蘇我稲目の子・馬子が、後者の仏像を引き取り、仏殿を造って信心するとともに、初めて尼（善信尼ら）として女性を出家させ、尼を崇敬したという。『書紀』は、「仏法の初、茲より作《おこ》れり」と伝える。この時、国内で天然痘が流行したが、その回復を願った馬子が、敏達から特に許され、精舎で仏法を崇めたと記す。

ついで即位した用明天皇は、「朕、三宝（仏・仏法・僧のこと）に帰らむと思ふ。卿等議《はか》れ」（用明二年四月条）と群臣に問いあわせた結果、崇仏派の馬子と廃仏派の大連物部守屋・中臣勝海との対立が公然化する。そしてその後、後述するように、物部本宗家は滅ぼされる。用明は、「仏法を信けたまひ神道を尊びたまふ」（用明即位前紀）と、『書紀』に記されている。

このように仏教の受容をめぐり、代替わりごとに天皇は、その是非を群臣に諮問している。こうした慣行は、新天皇の即位ごとに、群臣の任命（再任を含む）を行なうことと関連している。代替わりごとに仏教の受容や新羅遠征などの対外重要策について、群臣に諮問を求めるというのが、ヤマト王権の政務のあり方なのである（川尻秋生「仏教の伝来と受容」）。

推古朝には、推古天皇は「皇太子および大臣に詔して、三宝を興し隆えしむ。是の時に、諸臣連等、各君親の恩の為に、競ひて仏舎を造る。即ち是を寺と謂ふ」（推古二年二月条）と、仏教の全面的受容を決定する。さらに舒明朝になると、「今年、大宮及び大寺を造作《つく》らしむ」「則ち百済川の側を以て宮処とす」(舒明一一年七月条)と、大宮(百済宮)と大寺(百済大寺)が一体となって建設が開始される。ここに至って、倭国は王法と仏法とを用いて営む国になり、諸氏も競って氏寺を建造することになる。

このようにして、巨大な前方後円墳の築造は終焉を迎えるとともに、古墳から寺院への流れが加速していく。

倭国と伽耶

さて、ふたたび朝鮮半島との外交関係にもどってみることにしよう。すでに述べたように、倭国は五一二(継体六)年に「任那四県」、五一三年には己汶・帯沙の地を百済に割譲した。その後、五二七年には「任那復興」に向かう近江毛野に、筑紫君磐井が立ちはだかり、磐井の乱が起きたのであった。この間、新羅は伽耶に侵入するばかりか、伽耶国王(南加羅。ないしは大伽耶)の側も使者を新羅に派遣して、貴族の娘と婚姻関係を結んでいる。朝鮮半島に拠点を保っておきたい倭国にとって、半島の政治情勢は厳しいものがあった。

五四〇(欽明元)年には、大伴金村が「任那四県」割譲問題で失脚したとされるが、ことの発端からすでに二八年も経過しており、ヤマト王権の政争で追放されたのが真相に近いと思われる。こうして欽明朝には「任那復興」策と呼ばれる伽耶問題が、倭国の対外政策の中心課題となった。

五六二(欽明二三)年にいたり、「任那の官家を新羅、打ち滅しつ」とあるように、伽耶諸国は新羅に打ち滅ぼされた。

この後の「任那」について述べると、欽明三二年をはじめとして、「任那復興策」が敏達・崇峻・推古朝にわたって、企図されている。敏達一二年には倭系の百済官僚・日羅を呼んで戦術が練られている(日羅については、一三〇頁参照)。敏達四年六月からは、新羅が任那四邑の地域の「調」を献上することになり、以後は新羅が「任那調」を貢納している。これは当時の新羅と倭との国際的力関係から、新羅が応じたものであろう。

倭国は、伽耶を蕃国として扱い、朝貢国の証として「任那の調」を要求していた。この調は、任那使が倭国に来て朝貢していた。それは「任那の所出る物《たてまつ》は、天皇の明に覧《みそなは》す所なり」(大化元年七月条)という性格からきたものである。そのため、「任那」滅亡後も、その地域を領有した新羅などから「任那調」の貢納を求めていたのである。しかし、倭国側の政策が外交上も機能していくとは限らなかった。

六四六(大化二)年九月に、倭国は高向《たかむく》黒麻呂(玄理)を新羅に派遣し、質(人質)の派遣を求める一方、「遂に任那の調を罷《や》めしむ」措置をとることになった。「質」とは「む(身)かはり」であり、身代わりの人物である。この質として列島に来たのが、金春秋であった(大化三年是歳条)。金春秋は、後の六五四年、新羅王となった武烈王その人である。

4　崇峻天皇の暗殺

最後に、欽明以降の政治の流れを概観しておこう。欽明が没すると、欽明と宣化天皇の娘の石姫《いしひめ》との間に誕生した敏達《びだつ》天皇が即位した。敏達は、非蘇我系の天皇になる(図5-5)。

敏達朝の外交と私部

敏達は即位後、大連に物部守屋を再任し、大臣には新しく蘇我馬子を任用した。大連の地位は、欽明朝に大伴氏が失脚して以来、物部氏が単独で占めていた。この時期には、再任された守屋の方が政治力をもっていた可能性が強い。

『書紀』の敏達元(五七二)年条には、外交に関する興味深い記述がある。即位した敏達は、当時、外交施設の相楽《さがらか》館(旧山背国相楽郡)に滞在していた高句麗使を都に呼び、その国書と調物を受け取った。実は、この高句麗使は五七〇(欽明三一)年、風浪のために越の海岸に漂着していた。土地の豪族道君に貢調品を奪われたが、事件決着後、相楽館に留まっていた。欽明没後に、敏達が引き継いだのである。

高句麗の国書を、文筆を業務とする専門家に読ませたところ、大和・河内の史(文人、ふびと)らは読み解くことができず、百済系移住民である船史の祖・王辰爾《おうじんに》が読解できたという。

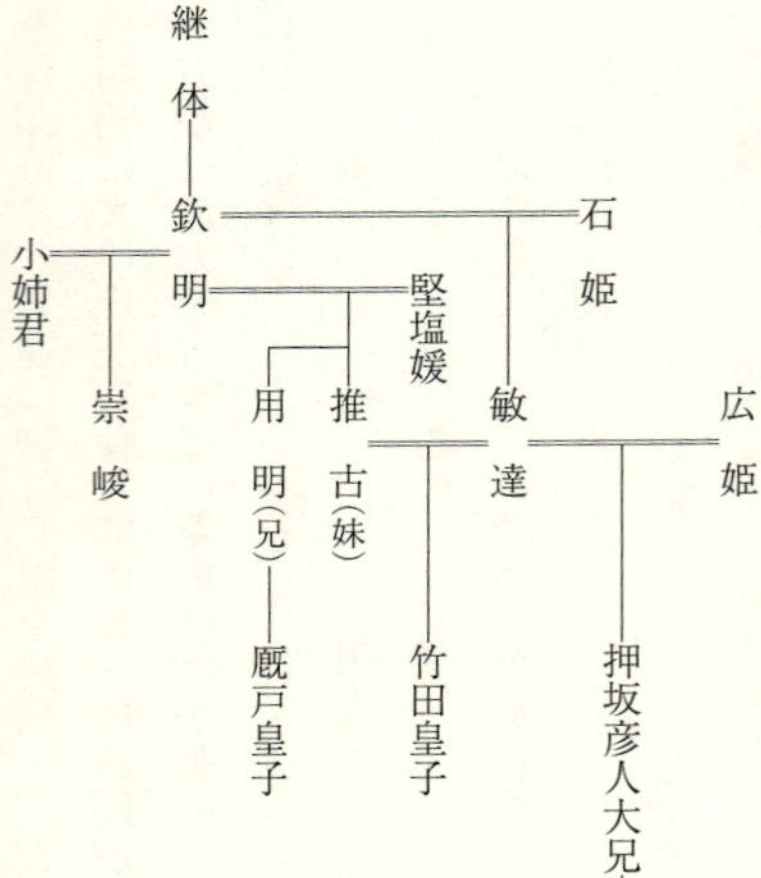

図5-5　継体から天武への系譜

『書紀』には、「汝若し学ぶることを愛まざらましかば、誰か能く読み解かまし」とみえるが、これは単なる読み書きの能力を指しているのではなさそうだ。

『書紀』には、この国書は烏の羽に書かれていたと伝えており（烏羽の表）、外交文書の漏洩を防ぐ技術かと解される。しかし犬飼隆は、烏羽の表は作り話として、六世紀中国の新しい漢字の意味用法が伝わっていた高句麗の国書を、新知識を有した王辰爾だけが読めたと解する（『漢字を飼い慣らす』)。本文読解の一案であろう。

さて、五七七(敏達六)年には、「私部《きさいべ》」が設置された。前年の額田部皇女が敏達皇后として立后することと関係するかともいわれる(皇后の称号は、後に浄御原令で制度化された呼称で、実際は大后)。従来は、たとえば安閑皇后の春日山田皇女のための「春日部」など、キサキ(后妃)それぞれの宮名を冠した名代が設置されていた。

しかし、敏達朝になって、キサキ全般を資養する部として設定されたのが、この私部となる。地方の在地首長を私部首とし、そのもとで在地の私部を管理するシステムを構築した。こうした私部の設置は、キサキの地位の安定とともに、後宮組織の整備とも関連してこよう。七世紀の女帝は、前帝の后妃であったが、私部が置かれた結果として、キサキの地位にふさわしい政治的・経済的力を身につけてきたことは、認めてさしつかえないかと思われる。

この私部と関連し、皇子女全般を資養するために設置されたのが、「壬生部《みぶべ》」(乳部とも)である。私部の設置からは少し遅れ、敏達の皇后であった推古天皇が統治した六〇七年(『書紀』推古一五年二月条)のことである。この壬生部も、個々の皇子女のために設置された部民ではなく、皇子女全般を資養する部民である。皇子女を養育する組織の整備を示すものである。このようにして、宮廷組織が徐々に整備されていったと思われる。

敏達天皇の没後、即位したのは用明天皇であった。用明は、欽明天皇と蘇我稲目の娘・堅塩媛との間に生まれた長子であり、ここに蘇我腹の天皇が初めて誕生した。蘇我氏の力が、ようやく物部氏を上まわってきたのである。この用明朝では、すでに述べたように、仏教の受容をめぐり、蘇我氏と物部氏・中臣氏との激しい争いが続いた。両者間の争いの本質は、仏教受容の問題にとどまらず、新興の蘇我氏と旧来の伴造系氏族の物部・中臣氏との政治的対立にあった。

物部本宗家の滅亡

そして用明二(五八七)年、用明天皇が病気(天然痘か)にかかり、群臣に対して仏教への帰依を申し入れた。この申し入れに、物部守屋と中臣勝海とは反対したが、蘇我馬子は賛成した。その後、蘇我系の群臣の政治的動きを察知した守屋が、河内の別邸阿都《あと》(今の大阪府八尾市跡部)に退いて人を集めた。中臣勝海は、軍衆を集めて守屋側につき、太子の押坂彦人大兄と竹田皇子を呪詛するに至った。押坂彦人大兄は、敏達の最初の皇后広姫の子、竹田皇子は二度目の皇后額田部皇女の子で、二人とも有力な王位継承者であり、その抹殺を謀ったのである。しかし、思惑どおりにことは運ばず、中臣勝海は逆に押坂彦人大兄につくように変心した。しかし、大兄の舎人に殺されてしまった。そこで、残る蘇我氏と物部氏が、武装して対峙するようになった。

用明の没後、まず物部の軍衆が動いた。それを受け、蘇我馬子は額田部皇女を奉じて、守屋が即位を企てた穴穂部《あなほべ》皇子（欽明天皇と稲目の娘・小姉君の子）と宅部《やかべ》皇子（『日本書紀』では宣化天皇の子とする）を誅殺した。さらにその三カ月後、馬子は泊瀬部《はつせべ》皇子（崇峻天皇）・竹田皇子・厩戸皇子（聖徳太子）らを先頭に立てて物部側と戦い、守屋を殺害した。この戦いの最中、厩戸皇子は四天王像を作って、勝利したあかつきには仏塔を起てると誓ったという。また、蘇我馬子も同じように誓盟した。この伝承は、四天王寺と飛鳥寺の起源譚である。

次に即位したのは、用明天皇の弟・崇峻天皇である。即位後、馬子を大臣に再任したが、大連は立てなかった。大臣だけになったということで、ここに大臣・大連制が消滅したことがうかがえる。この崇峻朝にはめだった国内政治はない。伽耶の復興をはかり、『日本書紀』には二万人の軍を筑紫に派遣したとする記事がみえる。

「東国の調」献上と天皇暗殺

こうしたなか、崇峻天皇が大臣の蘇我馬子を疎んじる言葉を発したという。これを伝え聞いた馬子は、天皇暗殺の計画を企てた。「今日、東国の調を進る」と詐り、東国（アヅマ）から調を献上する儀礼の場が設定された。こうしたセレモニーには、天皇が参加する決まりがあった。東国の調は、ヤマト王権と東国との特別な政治的関係から生まれたもので、東国から貢納を示す証しが「調」であったからである。事件の展開をみる前に、東国の調に関する問題を説明しておこう。

『古事記』雄略段の「三重采女の天語歌《あまがたりうた》」は、新嘗《にいなめ》祭に海人集団から大御酒が献上された際に歌われた、宮廷寿歌である。この歌謡には、神代の初源から雄略天皇の国土統治までの世界観が歌われており、古代のコスモロジーを知るうえで興味深い。その歌詞に「上枝《ほつえ》は天を覆へり 中枝は東《あづま》を覆へり 下枝は夷《ひな》を覆へり」とみえる。アメは「都」で、アヅマは「東国」、ヒナは夷狄の「夷」。都のアメに「天離(アマザカル)」のが、ヒナとなる。ここには大八島国における「アメ―アヅマ―ヒナ」という、都からみた政治的な国土観が示されており、東国が特別な位置におかれていたことがわかる。

こうした東国の政治的位置に関連する記事は、『書紀』にもある。「兄は一片に東を向けり。当に東国を治《し》らむ。弟は是悉く四方に臨めり。朕が位に継げ」(崇神四八年正月条)という記述である。これは崇神天皇が、次の王位継承者の太子を選ぶ夢見判断で、「四方」と「東」という方角に関連して、二王子を王位継承者と東国統治者に分けた話である。「四方に臨む」弟が王位継承者となり、「東を向いた」兄が東国を統治することになった。この記事では、統治対象としての四方国と東国とは、截然と区別されている。このようなヤマト王権と東国との関係がいつ始まったのか、必ずしも明確ではない。しかし、ヤマト王権と東国との特殊な関係を示唆している。

ところで、この「東国の調」については、『万葉集』の歌詞から推測することができる。その一つは「東人の荷前《のさき》」（一〇〇番歌）であり、この歌の場合は信濃の「麻布」が想定される。また、「東細布（アヅマタヘ）」（二六四七番歌）の語句がある。この細布は、上総や安房で産出される細い糸で織った高級な布のことである。これらが「東国の調」の一部と想定される。また、馬《ま》来田《くた》（望陀、旧上総国）国造が献納した望陀布《もうだのぬの》も「東国の調」であろう。

　このような「東国の調」の布は、どのように使用されたのであろうか。時代は下るが、奈良・平安時代に東国から進上された細布や望陀布は、天皇即位の儀である践祚《せんそ》大嘗祭や、唐の皇帝への献上品に使用されている。これらは国造が貢納した「東国の調」の系譜を継承していると思われ、当時もヤマト王権の存立に関連する用途に利用されたと推定される。だからこそ、「東国の調」を献上する儀礼に、天皇の臨席は必須であった。

　この「東国の調」と関係が深いのが「三韓の調」（三韓の百済・新羅・高句麗が、倭国に服属している証し）である。「三韓の調」を進上する儀礼にも、天皇や大臣が臨席した。大化改新における蘇我入鹿の暗殺事件は、その儀礼の場で挙行された（『書紀』皇極四年六月条）。

　話を崇峻朝に戻すと、「東国の調」を献上する場で、馬子は配下の東漢《やまとのあや》氏のなかから駒《こま》を選び、崇峻天皇を弑殺させた。天皇暗殺というのは、王権の基盤を襲う政治的大事件である。実は、それまでにも天皇殺しが、もう一件ある。父親を安康天皇に殺害された眉輪《まよわ》王が、安康の皇后になった母親の膝枕で熟睡していた安康を刺し殺している（『書紀』雄略即位前紀）。この伝承が正しければ二人目の天皇殺しであるが、白昼に堂々と儀礼の場で殺されたのは、この崇峻天皇暗殺事件しかない。

天皇暗殺という異常な政治状況のなか、歴史はどのように動いたのであろうか。重要なことは、蘇我馬子が天皇を殺害したという事実で、蘇我氏の意向は無視できない。その意を汲んで群臣から天皇に推挙されたのが、額田部皇女である。ヤマト王権の歴史において、確実な最初の女帝、推古天皇である。漢風諡号の「推古」とは、「古(いにしえ)のことを推して考える」という意味である。『古事記』が推古天皇で幕を閉じることと、関係していよう。古代貴族にとって、今を生きる「近代」と対比される「古代」が、推古以前の天皇の歴史であった。その最終決算を生み出す契機が、崇峻天皇の暗殺となった。

おわりに――「飛鳥」以前、日本列島の文明化の時代

ヤマト王権の時期は、「はじめに」で述べたように、律令制国家を準備した時代であり、古代史においては重要な意味がある。ところが、あらためて日本の歴史のなかで、ヤマト王権の歴史的意義を問われると、正直いって難しいと感じてしまうだろう。その難しさは、飛鳥時代と比較すればよくわかる。飛鳥は「日本人のふるさと」といわれるように、今日も多くの人が飛鳥を訪れ、ひととき、いにしえの時空に身を寄せる。そして確かに、推古朝（五九二～六二八）と飛鳥を都とした時代は、現在の日本の原型をつくったといえなくもない。

今日では、「飛鳥」は明日香村（奈良県高市郡）と重ねて理解されることが多いが、現在の明日香村は本来の飛鳥以外の地域を含んでいる。古代、飛鳥と呼ばれたのは、飛鳥川の流域で、橘寺が所在する「橘」の北方、飛鳥寺（安居院）を北限とする地域である。

これもまた「はじめに」で述べたことだが、奈良人にとっては、推古天皇までが「いにしえ（古）」であった。新しい時代は、舒明天皇（在位六二九～六四一）から始まる「御世」である。その舒明が造った飛鳥岡本宮から、飛鳥の地域に宮が造られることになる。

飛鳥は、飛鳥板葺宮《いたぶき》、飛鳥後岡本宮、飛鳥河辺行宮、飛鳥川原宮、そして天武天皇の飛鳥浄《きよ》御《み》原《はら》宮まで、多くの王宮が建造された、都市的空間とも呼べる地域であった。当時、歴代遷宮という天皇一代ごとに宮を移す制度が続いていたため、多数の宮が造られた。その後、六八九(持統三)年に施行された浄御原令によって、六九四年に藤原宮に遷都した。藤原宮以降は歴代遷宮もなくなり、王宮は固定されて堅固な律令制支配にふさわしい宮都としての意味をもつようになっていく。飛鳥時代がもつ歴史的意味は、本シリーズでは次巻『飛鳥の都』が説き明かすことになるが、少なくともこのことだけをみても、飛鳥時代は律令制的支配を直接に準備した時期であり、古代の形を創っていった時代であるというにふさわしい。今日の日本にとっての「近代」に匹敵するといえば、イメージがわくだろうか。

残念ながら、ヤマト王権にはこのような、歴史的意義を説くキャッチフレーズは存在せず、歴史的景観を体験できる場所も多くない。ヤマト王権の成立期を具体的に実感できる材料は桜井市地域の纏向や磯城地域の遺跡などにかぎられ、あきらかに飛鳥よりは乏しい。また、これらの遺跡はまだ観光・巡見コースとして整備されておらず、しかもその後につづく五世紀の古市古墳群や百舌鳥古墳群などとは距離があり、同日に回ることもできない。

しかし、本書で述べてきたことからいえば、ヤマト王権の時代こそが、「日本列島の文明化」に重要な役割を果たした時期ということができる。五世紀に手工業生産の技術革新が展開したばかりか、六世紀になると日本語順による言語表記の基礎ができ、さらに仏教が伝来した。まさにヤマト王権の時代にこそ、日本列島は、文明化への時代的転換を遂げようとしたのである。近い将来、発掘調査による思わぬ新発見で、各地域が脚光を浴びるようになるかもしれない。

本書を閉じるにあたって、最後に、少し個人的な話も含むが、今後の古代史のあり方についての展望を述べておきたい。

古代史における、より古い時代の文献史料(文字情報)はきわめて少なく、考古学資料に依拠しなければ、通史として叙述することは不可能である。しかし、両分野は学問の対象と方法論が異なるばかりか、日本では別の教育課程のカリキュラムで学んできた研究者が大半である。共同研究を進めるには、相当の努力が必要になる。

歴史学(文献史学)としては、まず文献テキストを正確に読む必要がある。そして、同時代の考古学資料に精通し、都合のいい箇所を参照するだけではなく、全体像をつかんで共通した理解をもたねばならない。知識・時代観の共有である。しかし、本書で指摘したように、王権論の考察に際して、王宮と王墓のどちらに基礎をおくのかに関しても、意見が分かれているのが現状である。建設的な相互批判が必要である。

私は、大学では考古学に強い関心を抱いていた井上光貞先生、大学外では文学に越境した論文を書いていた石母田正さんから学んだ影響で、いつしか歴史学・考古学・文学等から構成される「日本古代学」を、学問的に構築できないかと夢見るようになった。

研究面では、文部科学省の学術フロンティア推進事業「日本古代文化における文字・図像・伝承と宗教の総合的研究」(二〇〇四〜八年)、そして私立大学戦略的研究基盤形成支援事業「日本列島の文明化を究明する古代学の総合化研究」(二〇〇九〜一三年)に採択され、大学内外の三分野の研究者で共同研究を積み重ねてきた。こうした最中、本シリーズ次巻の執筆者である吉川真司さんと、上原真人・白石太一郎さんら考古学研究者を交えて、岩波書店から『列島の古代史』(全八巻、二〇〇五〜六年)を刊行した。

古代史関係では、木簡が注目されるようになってから、歴史学と考古学の共同研究はかなり進展しているばかりか、二分野をこなせる新しいタイプの研究者も育ってきた。一方、歴史学・考古学と文学との共同研究は、まだ端緒的な成果しかあがっていない。最近、万葉歌を記載した木簡が発見されたことにより、古代文学研究者にも木簡研究の重要性が見直され、急速に考古学への注目度が上がっている。これらは研究者としての研究姿勢の問題であるが、教育面ではまだ不十分である。

そこで、文部科学省が公募している「組織的な大学院教育改革推進プログラム」に対し、同僚の教員とともに「複眼的日本古代学研究の人材育成プログラム」(二〇〇八〜一〇年)を申請して、学際的かつ国際的な研究教育を試みた。運良くプログラムが採択されたので、研究・教育の両面から古代学研究を旺盛に進めている。

実はこうしたプログラムを実践するなかで、学際的研究ばかりか、国際性を兼ねそなえた古代学をさらに強く意識するようになった。本書には必ずしも十分に活かせなかったが、複数分野の研究者・大学院生とともに、この間、新羅・百済・伽耶・耽羅《たんら》(済州島)地域の韓国や中国、そしてヤマト王権の中心地や、周縁にあたる東北地方と沖縄の調査・研究に従事してきた。そして、現地の研究者と意見交換し、共同で現地調査を行なった。また、中国社会科学院、韓国の慶北大学や南カリフォルニア大学では、古代史に関する研究報告を行ない、国境を越えて議論を交わしてきた。

本書は、その研究成果の一部でもあるが、国際的に通用する『ヤマト王権』の著作になっているかどうか、はなはだ心許ないところがある。

まずは擱筆して、読者の判断に委ねたい。

二〇一〇年一〇月

吉村武彦

参考史料

(1)『三国志・魏書』巻三〇東夷伝・倭人条(「魏志倭人伝」、一部抜粋)

倭人《わじん》は帯方《たいほう》の東南大海の中にあり、山島に依りて国邑をなす。旧《もと》百余国。漢の時朝見する者あり、今、使訳通ずる所三十国。郡より倭に至るには、海岸に循《したが》って水行し、韓国を歴《へ》て、乍《あるい》は南し乍《あるい》は東し、その北岸狗邪韓《くやかん》国に到る七千余里。始めて一海を度《わた》る千余里、対馬国に至る。その大官を卑狗《ひこ》といい、副を卑《ひ》奴母離《なもり》という。居る所絶島、方四百余里ばかり。土地は山険しく、深林多く、道路は禽鹿の径の如し。千余戸あり。良田なく、海物を食して自活し、船に乗りて南北に市糴《してき》す。また南一海を渡る千余里、名づけて瀚海《かんかい》という。一大〔支〕国に至る。官をまた卑狗といい、副を卑奴母離という。方三百里ばかり。竹木・叢林多く、三千ばかりの家あり。やや田地あり、田を耕せどもなお食するに足らず、また南北に市糴す。

また一海を渡る千余里、末盧《まつろ》国に至る。四千余戸あり。山海に浜《そ》うて居る。草木茂盛し、行くに前人を見ず。好んで魚鰒《ぎょふく》を捕え、水深浅となく、皆沈没してこれを取る。東南陸行五百里にして、伊都《いと》国に到る。官を爾支《にき》といい、副を泄謨觚《せつぼこ》・柄渠觚《へいきょこ》という。千余戸あり。世〻王あるも、皆女王国に統属す。郡使の往来常に駐《とど》まる所なり。東南奴《な》国に至る百里。官を兕馬觚《しまこ》といい、副を卑奴母離という。二万余戸あり。東行不弥《ふみ》国に至る百里。官を多模といい、副を卑奴母離という。千余家あり。

南、投馬国《つま》に至る水行二十日。官を弥弥《みみ》といい、副を弥弥那利《みみなり》という。五万余戸ばかり。南、邪馬壱〔台〕国に至る、女王の都する所、水行十日陸行一月。官に伊支馬《いきま》あり、次を弥馬升《みまそ》といい、次を弥馬獲支《みまわけ》といい、次を奴佳鞮《なかて》という。七万余戸ばかり。女王国より以北、その戸数・道里は得て略載すべきも、その余の旁国は遠絶にして得て詳かにすべからず。

（石原道博編訳『新訂 魏志倭人伝 他三篇』岩波文庫、一部改変）

(2) 倭王武の上表文（『宋書』倭国伝より）

順帝《じゅんてい》の昇明《しょうめい》二年、遣使上表して曰く、「封国《ほうこく》は遍遠《へんえん》にして外に藩を作《な》す。昔《むかし》より祖禰《そでい》躬《みずか》ら甲冑《かっちゅう》を擐《つらぬ》き、山川《さんせん》を跋渉《ばっしょう》し、寧処《ねいしょ》に遑《いとま》あらず。東は毛人《もうじん》を征すること五十五国、西は衆夷《しゅうい》を服すること六十六国。渡りて海北《かいほく》を平すること九十五国。王道融泰《おうどうゆうたい》にして、土を廓《ひろ》げ、畿《き》を遐《はるか》にす。累葉《るいよう》、朝宗《ちょうそう》して、歳《とし》に愆《あやま》らず。臣、下愚《げぐ》なりと雖《いえど》も、忝《かたじけな》くも先緒《せんしょ》を胤《つ》ぎ、統《す》ぶる所を駆率《くそつ》し、天極《てんきょく》に帰崇《きすう》す。道《みち》、百済を遥《へ》て船舫《せんぼう》を装《よそお》ひ治《おさ》む。而《しか》るに、句驪《くり》、無道《むどう》にして、図《はか》りて見呑《げんどん》を欲す。辺隷《へんれい》を掠抄《りゃくしょう》し、虔劉《けんりゅう》して已《や》まず。毎《つね》に稽滞《けいたい》を致《いた》し、以て良風を失《うしな》ひ、路《みち》に進むと曰ふと雖も、或は通じ、或はしからず。臣が亡考《ぼうこう》済、実に寇讎《こうしゅう》の天路《てんろ》を壅塞《ようそく》するを忿《いか》る。控弦《こうげん》百万、義声に感激し、方《まさ》に大挙せんと欲するに、奄《にわか》に父兄を喪《うしな》ひ、垂成《すいせい》の功をして一簣《き》を獲《え》ざらしむ。居《お》ること諒闇《りょうあん》に在りて兵甲《へいこう》を動かさず。是を以て偃息《えんそく》して未だ捷《か》たず。今に至りて、甲《こう》を練《ね》り、兵を治《おさ》めて父兄の志《こころざし》を申《の》べんと欲す。義士虎賁《ぎしこほん》、文武、功を効《いた》さんとし、白刃《はくじん》前に交《まじ》はれども、亦《また》、顧《かえり》みざる所なり。若《も》し帝徳の覆載《ふくさい》を以て此《こ》の彊敵《きょうてき》を摧《くだ》き、克《よ》く方難《ほうなん》を靖《やす》んぜば、前功を替《か》ふること無けん。窃《ひそ》かに自《みずか》ら開府《かいふ》儀《ぎ》同三司《どうさんし》を仮《か》し、其《そ》の余《よ》も咸《みな》仮授《かじゅ》して、以て忠節を勧《すす》む」と。詔して武を使持節、都督倭・新羅・任那・加羅・秦韓・慕韓六国諸軍事、安東大将軍、倭王に除す。

(3) 広開土王碑文（一部抜粋）

永楽六年条

百残《ひゃくざん》・新羅《しんら》は、旧《もと》是れ属民にして、由来朝貢《ゆらいちょうこう》せり。而《しか》るに、倭《わ》は辛卯年《しんぼうねん》を以て来《きた》り、[海]を渡りて百残を破り、[東]のかた新羅を□して、以て臣民と為せり。以て、六年 丙申《ひのえのさる》、王、躬ら□軍を率ゐ、残国《ざんこく》を討伐す。（第Ⅰ面）

永楽九年条

九年己亥《きがい》。百残は誓ひに違《そむ》き、倭と和通せり。王、平穣《へいじょう》に巡下す。而して新羅は使を遣はし、王に白して、「倭人は其の国境に満ち、城池を潰破し、奴客を以て民と為《な》せり。王に帰《き》して命を請はむ」と云ふ。太王、恩慈もて其の忠誠を称《たた》ふ。□に使を遣はし、還りて告げしむるに、□計を以てす。（第Ⅱ面）

永楽一〇年条

十年庚子《こうし》。教して歩騎五万を遣はし、往《ゆ》きて新羅を救はしむ。男居城従《よ》り新羅城に至るまで、倭は其の中に満つ。官軍、方《まさ》に至らんとするに、倭賊は退□す。□背して急追し、任那加羅《みまなから》の従抜城《じゅうばつじょう》に至るや、城は即ち帰服す。（第Ⅱ面）

永楽一四年条

十四年甲辰《こうしん》。而《すなは》ち倭は不軌《ふき》にして、帯方《たいほう》の界に侵入し、□□□□□石城□連船□□□せり。王、躬ら率ゐ□□し、平穣従《よ》り□□□鋒、相《たが》ひに王幢《おうとう》に遇ひ、要截《ようせつ》して盪刺《とうし》す。倭寇は潰敗し、斬殺せらるるもの無数。（第Ⅲ面）

（武田幸男『広開土王碑との対話』白帝社、一部改変）

岩波新書/最新刊から

2023 **表現の自由**　市川正人 著
——「政治的中立性」を問う

本書は、「政治的中立性」という曖昧な概念を理由に人々の表現活動を制限することの危険性を説くものである。

2024 **戦争ミュージアム**　梯久美子 著
——記憶の回路をつなぐ——

戦争の記録と記憶を継ぐ各地の平和のための博物館を訪ね、土地の歴史を探り、人びとの語りを伝える。いまと地続きの過去への旅。

2025 **記憶の深層**　高橋雅延 著
——〈ひらめき〉はどこから来るのか——

記憶のしくみを深く知り、上手に活かせば答えはひらめく。科学的エビデンスにもとづく記憶法と学習法のヒントを伝授する。

2026 **あいまいさに耐える**　佐藤卓己 著
——ネガティブ・リテラシーのすすめ——

二〇一〇年代以降の情動社会化を回顧し、ファスト政治ではない、輿論主義(デモクラシー)のための「消極的な読み書き能力」を説く。

2027 **サステナビリティの経済哲学**　松島斉 著

宇沢弘文を継ぐゲーム理論と情報の経済学の大家が「新しい資本主義」と「新しい社会主義」というシステム構想を披露する。

2028 **介護格差**　結城康博 著

介護は突然やってくる! いざというときに困らないために何が鍵となるのか。迫りくる「2025年問題」の全課題をわかり易く説く。

2029 **新自由主義と教育改革**　髙田一宏 著
——大阪から問う

競争原理や成果主義による新自由主義の教育改革。国内外で見直しも進むなか、勢いを増す維新の改革は何をもたらしているのか。

2030 **朝鮮民衆の社会史**　趙景達 著
——現代韓国の源流を探る——

歴史の基底には多様な信仰、祭礼、文化が根づいている。日常と抗争のはざまを生きる力弱い人々が社会を動かしていく道程を描く。

(2024.9)

岩波新書より

芸術

ひらがなの世界　石川九楊
ピアノトリオ　マイク・モラスキー
文化財の未来図　村上隆
日本の建築　隈研吾
キリストと性　岡田温司
カラー版 名画を見る眼Ⅱ　高階秀爾
カラー版 名画を見る眼Ⅰ　高階秀爾
占領期カラー写真を読む　佐藤洋一／衣川太一
水墨画入門　島尾新
酒井抱一 俳諧と絵画の織りなす抒情　井田太郎
平成の藝談 歌舞伎の真髄にふれる　犬丸治
K-POP 新感覚のメディア　金成玟
ベラスケス 宮廷のなかの革命者　大髙保二郎
ヴェネツィア 美の都の一千年　宮下規久朗
丹下健三 戦後日本の構想者　豊川斎赫
学校で教えてくれない音楽◆　大友良英
中国絵画入門　宇佐美文理
瞽女うた　ジェラルド・グローマー
東北を聴く　佐々木幹郎
ボブ・ディラン ロックの精霊　湯浅学
柳宗悦◆　中見真理
ヘタウマ文化論　山藤章二
小さな建築　隈研吾
コルトレーン ジャズの殉教者　藤岡靖洋
雅楽を聴く　寺内直子
歌謡曲◆　高護
歌舞伎の愉しみ方　山川静夫
自然な建築　隈研吾
東京遺産　森まゆみ
絵のある人生　安野光雅
日本の色を染める　吉岡幸雄
プラハを歩く　田中充子
ポピュラー音楽の世紀　中村とうよう
ぼくのマンガ人生　手塚治虫
芸術のパトロンたち　高階秀爾
ゲルニカ物語　荒井信一
千利休 無言の前衛　赤瀬川原平
やきもの文化史　三杉隆敏
歌右衛門の六十年　中村歌右衛門／山川静夫
明治大正の民衆娯楽　倉田喜弘
茶の文化史　村井康彦
日本の子どもの歌　園部三郎／山住正己
二十世紀の音楽◆　吉田秀和
絵を描く子供たち　北川民次
ギリシアの美術　澤柳大五郎
音楽の基礎　芥川也寸志
日本刀　本間順治
日本美の再発見〔増補改訳版〕　ブルーノ・タウト／篠田英雄訳
ミケルアンヂェロ　羽仁五郎

(2024.8)　◆は品切，電子書籍版あり．(R)

岩波新書より

宗教

空海	松長有慶
最澄と徳一 仏教史上最大の対決	師茂樹
ブッダが説いた幸せな生き方	今枝由郎
ヒンドゥー教10講	赤松明彦
東アジア仏教史	石井公成
ユダヤ人とユダヤ教	市川裕
初期仏教 ブッダの思想をたどる	馬場紀寿
内村鑑三 悲しみの使徒	若松英輔
トマス・アクィナス 理性と神秘	山本芳久
アウグスティヌス 「心」の哲学者	出村和彦
パウロ 十字架の使徒	青野太潮
弘法大師空海と出会う	川﨑一洋
高野山	松長有慶
マルティン・ルター	徳善義和
教科書の中の宗教	藤原聖子
国家神道と日本人	島薗進
聖書の読み方	大貫隆
親鸞をよむ◆	山折哲雄
日本宗教史	末木文美士
法華経入門	菅野博史
中世神話	山本ひろ子
イスラム教入門	中村廣治郎
蓮如	五木寛之
密教	松長有慶
日本の新興宗教	高木宏夫
背教者の系譜	武田清子
聖書入門	小塩力
イエスとその時代◆	荒井献
慰霊と招魂	村上重良
国家神道◆	村上重良
死後の世界	渡辺照宏
日本の仏教	渡辺照宏
仏教〔第二版〕	渡辺照宏
禅と日本文化	鈴木大拙 北川桃雄訳

岩波新書より

岩波新書より

日本史

古墳と埴輪　和田晴吾
〈一人前〉と戦後社会　沼尻晃伸・禹宗杬
豆腐の文化史　原田信男
桓武天皇　瀧浪貞子
読み書きの日本史　八鍬友広
日本中世の民衆世界　三枝暁子
森と木と建築の日本史　海野聡
幕末社会　須田努
江戸の学びと思想家たち　辻本雅史
上杉鷹山　「富国安民」の政治　小関悠一郎
藤原定家『明月記』の世界　村井康彦
性からよむ江戸時代　沢山美果子
景観からよむ日本の歴史　金田章裕
律令国家と隋唐文明　大津透
伊勢神宮と斎宮　西宮秀紀
百姓一揆　若尾政希
給食の歴史　藤原辰史
大化改新を考える　吉村武彦
江戸東京の明治維新　横山百合子
戦国大名と分国法　清水克行
東大寺のなりたち　森本公誠
武士の日本史　髙橋昌明
五日市憲法　新井勝紘
後醍醐天皇　兵藤裕己
茶と琉球人　武井弘一
近代日本一五〇年　山本義隆
語る歴史、聞く歴史　大門正克
義経伝説と為朝伝説　日本史の北と南　原田信男
出羽三山　山岳信仰の歴史を歩く　岩鼻通明
日本の歴史を旅する　五味文彦
一茶の相続争い　高橋敏
鏡が語る古代史　岡村秀典
日本の近代とは何であったか　三谷太一郎
戦国と宗教　神田千里
古代出雲を歩く　平野芳英
自由民権運動　〈デモクラシー〉の夢と挫折　松沢裕作
風土記の世界　三浦佑之
京都の歴史を歩く　小林丈広・高木博志・三枝暁子
蘇我氏の古代　吉村武彦
昭和史のかたち◆　保阪正康
「昭和天皇実録」を読む◆　原武史
生きて帰ってきた男　小熊英二
遺骨　戦没者三一〇万人の戦後史　栗原俊雄
在日朝鮮人　歴史と現在　水野直樹・文京洙
京都〈千年の都〉の歴史　高橋昌明
唐物の文化史◆　河添房江
小林一茶　時代を詠んだ俳諧師　青木美智男
信長の城　千田嘉博
出雲と大和　村井康彦
女帝の古代日本◆　吉村武彦
古代国家はいつ成立したか　都出比呂志

(2024.8)　◆は品切，電子書籍版あり．　(N1)

岩波新書新赤版一〇〇〇点に際して

ひとつの時代が終わったと言われて久しい。だが、その先にいかなる時代を展望するのか、私たちはその輪郭すら描きえていない。二〇世紀から持ち越した課題の多くは、未だ解決の緒を見つけることのできないままであり、二一世紀が新たに招きよせた問題も少なくない。グローバル資本主義の浸透、憎悪の連鎖、暴力の応酬——世界は混沌として深い不安の只中にある。

現代社会においては変化が常態となり、速さと新しさに絶対的な価値が与えられた。消費社会の深化と情報技術の革命は、種々の境界を無くし、人々の生活やコミュニケーションの様式を根底から変容させてきた。ライフスタイルは多様化し、一面では個人の生き方をそれぞれが選びとる時代が始まっている。同時に、新たな格差が生まれ、様々な次元での亀裂や分断が深まっている。社会や歴史に対する意識が揺らぎ、普遍的な理念に対する根本的な懐疑や、現実を変えることへの無力感がひそかに根を張りつつある。そして生きることに誰もが困難を覚える時代が到来している。

しかし、日常生活のそれぞれの場で、自由と民主主義を獲得し実践することを通じて、私たち自身がそうした閉塞を乗り超え、希望の時代の幕開けを告げてゆくことは不可能ではあるまい。そのために、いま求められていること——それは、個と個の間で開かれた対話を積み重ねながら、人間らしく生きることの条件について一人ひとりが粘り強く思考することではないか。その営みの糧となるものが、教養に外ならないと私たちは考える。歴史とは何か、よく生きるとはいかなることか、世界そして人間はどこへ向かうべきなのか——こうした根源的な問いとの格闘が、文化と知の厚みを作り出し、個人と社会を支える基盤としての教養となった。まさにそのような教養への道案内こそ、岩波新書が創刊以来、追求してきたことである。

岩波新書は、日中戦争下の一九三八年一一月に赤版として創刊された。創刊の辞は、道義の精神に則らない日本の行動を憂慮し、批判的精神と良心的行動の欠如を戒めつつ、現代人の現代的教養を刊行の目的とする、と謳っている。以後、青版、黄版、新赤版と装いを改めながら、合計二五〇〇点余りを世に問うてきた。そして、いままた新赤版が一〇〇〇点を迎えたのを機に、人間の理性と良心への信頼を再確認し、それに裏打ちされた文化を培っていく決意を込めて、新しい装丁のもとに再出発したいと思う。一冊一冊から吹き出す新風が一人でも多くの読者の許に届くこと、そして希望ある時代への想像力を豊かにかき立てることを切に願う。

（二〇〇六年四月）

吉村武彦

1945年 朝鮮大邱生まれ，京都・大阪育ち
1968年 東京大学文学部国史学専修課程卒業，同大
大学院人文科学研究科国史学専門課程博士
課程中退
現在―明治大学名誉教授
専攻―日本古代史
著書―『日本古代の社会と国家』(岩波書店)
『日本社会の誕生』(岩波ジュニア新書)
『聖徳太子』『女帝の古代日本』『蘇我氏の
古代』『大化改新を考える』(以上，岩波新書)
『日本古代の政事と社会』(塙書房)
『新版 古代天皇の誕生』(角川ソフィア文庫)
『日本古代国家形成史の研究』(岩波書店)
『列島の古代史』(共編著，全8巻，岩波書店)
『古代史をひらく』Ⅰ，Ⅱ(共編著，全6巻，岩波
書店)

ヤマト王権
シリーズ 日本古代史②　　岩波新書(新赤版)1272

2010年11月19日　第1刷発行
2024年10月15日　第21刷発行

著　者　吉村武彦《よしむらたけひこ》

発行者　坂本政謙

発行所　株式会社 岩波書店
〒101-8002 東京都千代田区一ツ橋 2-5-5
案内 03-5210-4000　営業部 03-5210-4111
https://www.iwanami.co.jp/

新書編集部 03-5210-4054
https://www.iwanami.co.jp/sin/

印刷・理想社　カバー・半七印刷　製本・中永製本

ISBN 978-4-00-431272-7　　Printed in Japan

索　引

あ 行

さ 行

た 行

な 行

は 行

略年表

「王名・年号」は『日本書紀』『続日本紀』の紀年を示す

西暦		中国
8	・前漢滅亡　王莽，新を建国	新
14	・新が貨泉を鋳造する	
25	・後漢の建国	後漢
57	倭の奴国が後漢に朝貢し，金印(「漢委奴国王」)を授与される	
107	倭国王帥升らが，後漢の安帝に生口160人を献じて請見を願う	
146	桓帝(146-167)・霊帝(167-189)の間，倭国大乱という	
184	中平□年銘大刀(東大寺山古墳出土)	
204	・この頃，公孫氏，楽浪郡の南に帯方郡を設置	
220	・後漢滅亡　魏の建国	魏
238	呉の赤烏元年銘神獣鏡(鳥居原古墳出土)	
239	倭の女王卑弥呼が魏に難升米を遣わし，「親魏倭王」を授与される　景初三年銘神獣鏡(和泉黄金塚古墳他出土)	
240	魏使が倭国王に接見　景初四年銘盤竜鏡(広峯15号墳出土)・正始元年銘神獣鏡(森尾古墳他出土)	
243	倭王が魏に使者を遣わす	
244	呉の赤烏七年銘神獣鏡(安倉古墳出土)	
245	魏が難升米に黄幢を与える	
247	倭の女王卑弥呼が，狗奴国と対立し，帯方郡に使者を派遣　魏使が倭に来て黄幢と檄を与える	
248	卑弥呼没　壱与(台与)が即位する	西晋
291	元康元年銘神獣鏡(伝上狛古墳出土)	
369	泰□(和)四年銘という七支刀(石上神宮)	東晋
391	倭が百済と新羅を破り，臣民にするという	
399	倭が百済と和通し，新羅国境に進出する	
400	倭が新羅に進出し，高句麗と戦って敗退する	
404	倭が帯方地域に進出し，高句麗と戦って敗退する	
413	倭国が東晋に貢物を献ずる	
420	・宋の建国	宋
421	倭讃が宋に入貢し，安東将軍・倭国王に任じられる	
425	讃が宋に司馬の曹達を遣わし，上表して方物を献ずる	

西暦		中国
430	倭国王が宋に方物を献ずる	
438	宋が，珍を安東将軍，倭国王に任命　倭隋らが平西，征虜，冠軍，輔国将軍に任命される	
439	・北魏の太武帝，華北を統一	
443	済が宋に朝貢し，安東将軍，倭国王に任命される	
451	宋が，倭国王倭済を使持節，都督倭・新羅・任那・加羅・秦韓・慕韓六国諸軍事，安東将軍，倭国王に，23人を軍郡に任命する　ついで済が安東大将軍に進号される	
460	倭国が宋に方物を献ずる	
462	宋が倭国王世子興を，安東将軍・倭国王に任命する	
471	獲加多支鹵大王の名を記した「辛亥」年銘鉄剣(稲荷山古墳出土)	
477	倭国が宋に方物を献ずる	
478	武が宋に上表し，使持節，都督倭・新羅・任那・加羅・秦韓・慕韓六国諸軍事，安東大将軍，倭王に任命される	
479	・宋滅亡　斉の建国	
502	・梁の建国	
503	癸未年銘人物画像鏡(隅田八幡神社)	

西暦	王名·年号		中国
507	継体 1	継体(応神5世孫)が越から来て，河内の樟葉宮で即位	北魏
508	2	武烈を大和の片岡に葬る	
509	3	伽耶在住の百済の百姓を，百済にもどす	
510	4		
511	5	都を山背の筒城に移す	
512	6	穂積押山を百済に遣わす　伽耶の4県を百済に割譲する	
513	7	百済が五経博士を貢上する　百済に己汶・帯沙を割譲する　勾大兄が立太子	
514	8	・新羅の法興王が即位	
515	9	倭国軍が伽耶の伴跛国に敗れる	
516	10	百済が五経博士を交代させる	
517	11		
518	12	都を弟国に移す	

西暦	王名·年号		中国
519	13		
520	14	・新羅が律令を定めるという	
521	15		
522	16	・伽耶の国王が新羅と通婚する	
523	17		
524	18		
525	19		
526	20	都を大和の磐余に移す(別伝に7年)	
527	21	筑紫君磐井の乱　近江毛野らの倭国軍の伽耶派遣をはばむ	
528	22	物部麁鹿火，磐井を斬殺　磐井の子葛子が屯倉を献上する	
529	23	近江毛野の伽耶派遣は失敗する	
530	24		
531	25	継体没　「百済本記」に「日本天皇・太子・皇子没」とある	
532		『上宮聖徳法王帝説』等では，欽明元年にあたる	
533			
534	安閑 1	武蔵の国造位をめぐり争いがおこる　国造笠原直使主が屯倉献上 ・東魏の建国	東魏
535	2	多くの屯倉設置がある　諸国に犬養部をおく　宣化即位	
536	宣化 1	筑紫の那津に官家をおく	
537	2	大伴狭手彦を派遣し，伽耶と百済を救援する	
538	3	『上宮聖徳法王帝説』等では，百済から仏教が伝わる	
539	4	欽明即位	
540	欽明 1	秦人らの戸籍を造るという　大伴金村が伽耶問題で失脚	
541	2	百済で伽耶復興策を協議する	
542	3		
543	4		
544	5	ふたたび百済で伽耶復興策を協議する	
545	6		

西暦	王名·年号		中国
546	7		
547	8	百済が救援軍を要請する	
548	9	百済に 370 人を遣わし，築城をたすける	
549	10		
550	11	百済が高句麗の捕虜を献上する ・北斉の建国	北斉
551	12	・百済が高句麗と戦い，旧都を回復する	
552	13	百済の聖明王が仏教を伝える　崇仏・排仏の争いがおこる	
553	14	百済から軍兵を要請される　百済に医・暦博士らの派遣を要請	
554	15	百済が救援を要請し，五経博士の交代と医・暦博士らを派遣する	
555	16	百済が聖明王の戦死を伝える　吉備に白猪屯倉をおく	
556	17	吉備に児島屯倉をおく	
557	18		
558	19		
559	20		
560	21	新羅が朝貢する	
561	22	新羅が朝貢するが，席次に怒って帰国し，倭国の攻撃に備える	
562	23	・新羅が伽耶諸国を滅ぼす	
563	24		
564	25		
565	26		
566	27		
567	28		
568	29		
569	30	白猪胆津を白猪屯倉に遣わして田部の丁籍を調べ，田戸とする	
570	31	蘇我稲目没　高句麗の使人が越に漂着する	
571	32	新羅に使者を遣わし，伽耶を滅ぼした理由を問う	
572	敏達 1	敏達即位　王辰爾が高句麗の国書を読み解く	

西暦	王名·年号		中国
573	2		
574	3	蘇我馬子を白猪屯倉に遣わし，田部を増やす	
575	4	新羅が「任那の調」を貢上する　広姫皇后没	
576	5	額田部皇女(のちの推古)を皇后とする	
577	6	日祀部・私部をおく　百済，経論と造仏工・造寺工を貢上する ・北斉滅亡	
578	7		
579	8	新羅が調と仏像を献上する	
580	9	新羅が調を献上するが，追い返す	
581	10	蝦夷が泊瀬川で，三輪山に向かって朝廷への服属儀礼を行なう ・隋の建国	隋
582	11	新羅が調を献上するが，追い返す	
583	12	伽耶復興に，百済在住の日羅を呼ぶ(年末に殺される)	
584	13	蘇我馬子が石川の宅に仏殿を造る	
585	14	馬子が仏塔を建て法会を催す　用明即位	
586	用明 1	穴穂部皇子が殯宮で皇后を犯そうとするが，三輪逆が阻止する	
587	2	蘇我馬子が物部守屋を滅ぼす　崇峻即位	
588	崇峻 1	百済が仏舎利を献上し，僧・寺工を貢上する　飛鳥寺が建立される	
589	2	東方・北陸に使者を遣わし，諸国の境を視察させる	
590	3	元年に百済に遣わされた学問尼善信が，帰国する	
591	4	伽耶復興のため，2万余の軍を筑紫に派遣する	
592	5	飛鳥寺の仏堂を建てる　蘇我馬子が崇峻を暗殺する　推古即位	
593	推古 1	厩戸皇子(聖徳太子)が立太子，摂政となる　四天王寺建立	

(参考：吉村武彦共編著『角川新版日本史辞典』)

参考文献

はじめに

石母田正『日本古代国家論』第二部，岩波書店，1973

第 1 章

岡村秀典「考古学からみた漢と倭」『日本の時代史 1　倭国誕生』吉川弘文館，2002

西嶋定生『邪馬台国と倭国』吉川弘文館，1994

西本昌弘「邪馬台国位置論争の学史的総括」『日本書紀研究』17，塙書房，1990

仁藤敦史『卑弥呼と台与』山川出版社，2009

堀敏一『東アジアのなかの古代日本』研文出版，1998

橋本輝彦「纏向遺跡検出の建物群とその意義」『明日香風』115，2010

吉田孝「魏志倭人伝の「都市」」『展望日本歴史 4』東京堂出版，2000

第 2 章

井上光貞『日本古代国家の研究』岩波書店，1965

粕谷興紀「大草香皇子事件の虚と実」『皇学館論叢』1-14，1978

桜井市文化財協会「ヤマト王権はいかにして始まったか」桜井市立埋蔵文化財センター，2007

武田祐吉『古事記研究 一　帝紀攷』青磁社，1944（『武田祐吉著作集 2』角川書店，1973）

津田左右吉『津田左右吉全集 1　日本古典の研究 上』岩波書店，1963

舘野和己「天武天皇の都城構想」『律令国家史論集』塙書房，2010

北條芳隆「前方後円墳と倭王権」『古墳時代像を見なおす——成立過程と社会変革』青木書店，2000

宮崎市定『謎の七支刀』中公文庫，1992

村山正雄編著『石上神宮 七支刀銘文図録』吉川弘文館，1996

第 3 章

青柳泰介「大和の渡来人」『ヤマト王権と渡来人』サンライズ出版，2005

参考文献

石母田正『日本古代国家論』第一部，岩波書店，1973
井上光貞『日本国家の起源』岩波新書，1960
江上波夫『騎馬民族国家』中公新書，1967(『江上波夫著作集6』平凡社，1986)
大阪府立近つ飛鳥博物館『年代のものさし――陶邑の須恵器』2006
大阪府立近つ飛鳥博物館『河内湖周辺に定着した渡来人』2006
岸俊男「画期としての雄略朝」『日本古代文物の研究』塙書房，1988
熊谷公男『日本の歴史3 大王から天皇へ』講談社学術文庫，2008
近藤義郎『前方後円墳の時代』岩波書店，1983
酒井清治「須恵器生産のはじまり」『国立歴史民俗博物館研究報告』110，2004
佐々木稔『鉄の時代史』雄山閣，2008
佐原真「騎馬民族は王朝をたてなかった」『日本古代史1　日本人誕生』集英社，1986
佐原真「騎馬民族征服王朝説への疑問」『佐原真の仕事6　考古学と現代』岩波書店，2005
徐建新『好太王碑拓本の研究』東京堂出版，2006
白石太一郎『古墳とヤマト政権』文春新書，1999
白石太一郎「記・紀および延喜式にみられる陵墓の記載について」『古墳と古墳群の研究』塙書房，2000
白石太一郎『考古学と古代史の間』筑摩書房，2004
関晃「推古朝政治の性格」『関晃著作集2　大化改新の研究 下』吉川弘文館，1996
関晃『帰化人』至文堂，1956(『関晃著作集3　古代の帰化人』吉川弘文館，1996)
武田幸男『高句麗史と東アジア』岩波書店，1989
直木孝次郎「神功皇后伝説の成立」『日本古代の氏族と天皇』塙書房，1964
朴天秀「日本列島における6世紀代の栄山江流域の土器が提起する諸問題」『待兼山考古学論集』2005
朴天秀『加耶と倭』講談社選書メチエ，2007
花田勝広『古代の鉄生産と渡来人』雄山閣，2002
花田勝広「鉱物の採集と精錬工房」『列島の古代史2』岩波書店，2005
坂靖『古墳時代の遺跡学』雄山閣，2009
水野祐『増訂日本古代王朝史論序説』小宮山書店，1968

宮崎市定「天皇なる称号の由来について」『古代大和朝廷』筑摩叢書，1988
吉村武彦『古代史の新展開』新人物往来社，2005
李進熙『広開土王陵碑の研究』吉川弘文館，1972

第 4 章

石母田正『日本の古代国家』岩波書店，1971
井上光貞「古代の皇太子」『日本古代国家の研究』(前掲)
金廷鶴『日本の歴史　別巻 1　任那と日本』小学館，1977
白石太一郎『考古学からみた倭国』青木書店，2009
末松保和『任那興亡史』増訂五版，吉川弘文館，1971(初版 1949)
高槻市立しろあと歴史館『発掘された埴輪群と今城塚古墳』2004
舘野和己「ヤマト王権の列島支配」『日本史講座 1』東京大学出版会，2004
田中俊明『古代の日本と加耶』日本史リブレット，山川出版社，2009
田中良之『古墳時代親族構造の研究』柏書房，1995
中野高行「『日本書紀』における「任那日本府」像」『政治と宗教の古代史』慶應義塾大学出版会，2004
朴天秀『加耶と倭』(前掲)
吉村武彦「律令制的班田制の歴史的前提について」『古代史論叢　中』吉川弘文館，1978
吉村武彦「古代の王位継承と群臣」『日本古代の社会と国家』岩波書店，1996

第 5 章

犬飼隆『漢字を飼い慣らす』人文書館，2008
狩野久「白猪屯倉と蘇我氏」『発掘文字が語る 古代王権と列島社会』吉川弘文館，2010
川尻秋生「仏教の伝来と受容」『古墳時代の日本列島』青木書店，2003
熊谷公男「蘇我氏の登場」『古代を考える　継体・欽明朝と仏教伝来』吉川弘文館，1999
白石太一郎編『古代を考える 終末期古墳と古代国家』吉川弘文館，2005
末松保和『任那興亡史』(前掲)
大韓民国文化財管理局『武寧王陵』(日本語版)，学生社，1974

図版出典一覧

図 1–1：西嶋定生『日本歴史の国際環境』UP 選書，東京大学出版会，1985，一部改変
図 1–2：著者作成
図 1–3：著者作成（「混一疆理歴代国都之図」（明代）より）
図 1–4：岡村秀典『三角縁神獣鏡の時代』歴史文化ライブラリー 66，吉川弘文館，1999，一部改変
図 1–5：落合木材流通センター文化財調査委員会編『中山遺跡』落合町教育委員会，1978，一部改変
図 1–6：松木武彦『全集 日本の歴史 1　列島創世記』（小学館，2007）
図 1–7：写真提供＝桜井市教育委員会
図 1–8：写真提供＝奈良県立橿原考古学研究所，撮影＝阿南辰秀
図 1–9：福永伸哉『邪馬台国から大和政権へ』大阪大学出版会，2001
図 2–1：所蔵＝文化庁，原資料＝埼玉県立さきたま史跡の博物館，写真撮影＝小川忠博
図 2–2：著者撮影
図 2–3：石川日出志『農耕社会の成立』岩波新書，2010，一部改変
図 2–4：写真提供＝天理市教育委員会
図 2–5：『詳説日本史図録』第 2 版，山川出版社，2008
図 2–6：写真提供＝石上神宮
図 3–1：著者撮影
図 3–2：著者作成
図 3–3：著者作成
図 3–4：所蔵＝東京国立博物館，Image: TNM Image Archives Source : http://TnmArchives.jp/
図 3–5：著者作成
図 3–6：白石太一郎『考古学と古代史の間』筑摩書房，2004，一部改変
図 3–7：左・所蔵＝四條畷市教育委員会，写真提供＝大阪府立近つ飛鳥博物館，撮影＝片山彰一／右・所蔵＝大津市埋蔵文化財調査センター
図 3–8：滋賀県立安土城考古博物館『韓国より渡り来て――古代国家の形成と渡来人』2001

図 3-9：大橋信弥・花田勝弘編『ヤマト王権と渡来人』サンライズ出版，2005
図 3-10：大阪府立近つ飛鳥博物館『今来才伎——古墳・飛鳥の渡来人』2004
図 4-1　著者作成
図 4-2　宇治市教育委員会『継体王朝の謎』1995，一部改変
図 4-3　田中俊明『古代の日本と加耶』2009，一部改変
図 4-4　高槻市教育委員会・高槻市立しろあと歴史館『発掘された埴輪群と今城塚古墳』2004
図 5-1　著者作成
図 5-2　藤井学・狩野久・竹林榮一・倉地克直・前田昌義『岡山県の歴史』山川出版社，2000
図 5-3　島根県教育委員会『出雲岡田山古墳』1987
図 5-4　都出比呂志『古代国家の胎動』NHK 出版，1998
図 5-5　著者作成